Rechtschreiben leicht gemacht

Ein Übungsbuch zur Rechtschreibung

Von Anne Kramarczyk und Hannelore Walther

Volk und Wissen Verlag GmbH

ISBN 3-06-101734-8

1. Auflage
© Volk und Wissen Verlag GmbH, Berlin 1997
Printed in Germany
Redaktion: Helena Fischer
Satz: Druckerei Gebr. Garloff GmbH, Magdeburg
Druck und Binden: Offizin Andersen Nexö GmbH, Leipzig
Einband und Illustrationen: Konrad Golz
Typografische Gestaltung: Horst Albrecht

Inhaltsverzeichnis

Was du über das Buch wissen solltest

Das ist ein Arbeitsbuch für Mädchen und Jungen, die ihre Rechtschreib-
leistungen verbessern möchten, aber nicht wissen, **wie**. Das Buch zeigt dir
Rechtschreib- und Lernhilfen, die du anwenden kannst. Du wirst sehen,
dass es gar nicht so schwer ist, richtig zu schreiben.

- Du kannst die Übungen allein zu Hause lösen – ohne Hilfe des Lehrers.
  Du kannst aber auch mit deinen Eltern, Geschwistern oder Freunden
  üben, wenn dir das mehr Spaß macht.
- Arbeite Abschnitt für Abschnitt durch.
- Versuche die Aufgaben möglichst selbstständig zu lösen. Erst dann
  schlag im Lösungsteil nach.

Wenn du fleißig mit dem Buch arbeitest, wirst du mit der Zeit feststellen,
dass du weniger Fehler machst.

Was die Zeichen bedeuten

 Von der klugen Eule erfährst du, was du wissen musst, damit du die Aufgaben richtig lösen kannst.

 Dieses Zeichen sagt dir, dass du außer dem Buch noch ein Heft oder einen Block benutzen sollst.

 Der schlaue Fuchs gibt dir Tipps, wie du dir das Lernen erleichtern kannst.

 Hier erfährst du, was du am Ende eines Übungsabschnittes können sollst.

 Wo dieses Zeichen steht, wird dir gezeigt, wie du dir eine schwierige Schreibung leichter einprägen kannst.

 Der Schlüssel weist darauf hin, dass du im Lösungsteil kontrollieren kannst, ob du richtig gearbeitet hast.

Noch ein Hinweis: In vielen Aufgaben dieses Übungsbuches steht die Aufforderung

Markiere ... (z. B. ein Wort).

Hier sollst du mit einem Marker Buchstaben, Wortteile oder Wörter farbig hervorheben. Wähle eine Farbe, die du gern hast.

1. Übungsteil: Wortbauteile erkennen

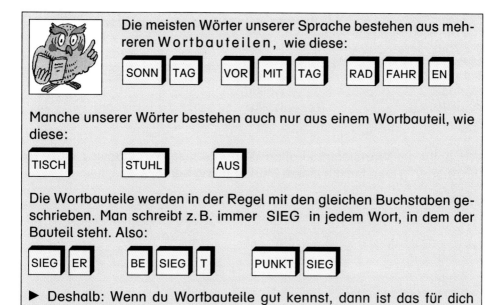

Die meisten Wörter unserer Sprache bestehen aus mehreren Wortbauteilen, wie diese:

SONN TAG   VOR MIT TAG   RAD FAHR EN

Manche unserer Wörter bestehen auch nur aus einem Wortbauteil, wie diese:

TISCH   STUHL   AUS

Die Wortbauteile werden in der Regel mit den gleichen Buchstaben geschrieben. Man schreibt z. B. immer SIEG in jedem Wort, in dem der Bauteil steht. Also:

SIEG ER   BE SIEG T   PUNKT SIEG

▶ Deshalb: Wenn du Wortbauteile gut kennst, dann ist das für dich eine wichtige Rechtschreibhilfe.

Die Bauteile eines Wortes schnell und sicher erkennen

Wichtigster Bauteil des Wortes: der Wortstamm

Bei einem Baum wachsen aus dem Stamm viele Zweige. So ist das auch mit unseren Wörtern. Aus einem Wortstamm, dem wichtigsten Wortbauteil, „wachsen" Wörter, die miteinander verwandt sind. Sie bilden eine Wortfamilie.

▶ Findest du noch Wörter zu der Wortfamilie mit dem Stamm LAUF ?

Frage dich zuerst immer:

Wie heißt der Wortstamm?

1 Kennzeichne den Wortstamm in jedem Beispiel.

sonnen	wolkenlos	bergig
Sonne	wolkig	Bergwanderung
Sonnabend	Regenwolke	Eisberg

2 Wie heißt der Wortstamm in allen Wörtern dieser Wortfamilie? Markiere ihn überall. (Hebe ihn mit einem Marker farbig hervor.)

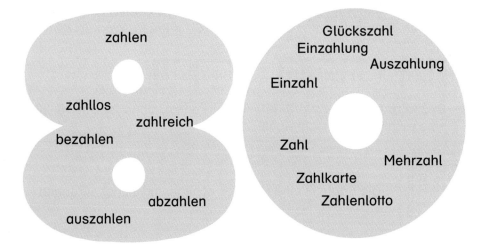

zahlen

zahllos
zahlreich
bezahlen

abzahlen
auszahlen

Glückszahl
Einzahlung
Auszahlung
Einzahl

Zahl
Mehrzahl
Zahlkarte
Zahlenlotto

3 Rahme in dieser Wortfamilie immer den Wortstamm ein.

Wie heißt der Wortstamm?

BAUEN
AUFBAU
ABBAUEN
BAUER
BEBAUUNG
BAUWEISE
VORBAU
BAUTEIL

4
- Ermittle den Wortstamm dieser Wortfamilie.
- Trenne ihn durch senkrechte Striche von den anderen Wortbauteilen ab.

hinstellen		Stelle	Ausstellung
ausstellen	verstellbar	Haltestelle	Vorstellung
umstellen		Tankstelle	

Ein Lerntipp:
Arbeite möglichst oft mit deinem Banknachbarn oder mit Freunden. Wenn du ihnen z. B. etwas erklärst, lernst du selbst am meisten dabei.

5 3 Wortfamilien
Wie heißen die 3 Wortstämme?

drucken, Buchdruck, Luftdruck, Ausdruck, Vordruck, gedruckt, bedruckt

behaupten, Behauptung, Hauptstadt, Hauptmann, Hauptstraße, überhaupt

Jahrmarkt, Schuljahr, Lehrjahr, Frühjahr, jährlich, zweijährig, Jahrhundert

6 In diesem Gedicht gibt es mehrere Wörter mit dem Wortstamm ZWECK. Kennzeichne ihn.

Zweckgedicht

Die Zwecke wird stets
zweckentsprechend
genutzt.
Zwecklos wäre,
eine Zwecke
für einen falschen
Zweck
zu verwenden.
Man könnte damit nichts
bezwecken.

Eine Gedächtnisstütze

Hier als Reim:

der | Nam | e
     | näm | lich

Der *Name* und auch *nämlich*,
die schreibe ohne *h*.
Denn auch im Worte *nämlich*
ist *Name* wieder da.

7 Immer ein anderer Wortstamm

Wie heißt der Wortstamm?   Antworten

von *Bildung*

von *Verhandlung*

von *erstrahlen*

von *verkleiden*

von *Erfrischung*

von *ausbreiten*

8 Alle Wörter dieser „Wörterschlange" bestehen nur aus einem Wortbauteil.
Trenne die Wörter durch senkrechte Striche ab.

Bauteile zusammengesetzter Wörter

LUFT	BALLON
AB	FAHRT
AN	KOMMEN
FLUG	PLATZ

Frage dich hier:

Aus welchen Bauteilen besteht das Wort?

Das können
Bauteile zusammen-
gesetzter Wörter sein.

9 Zerlege diese zusammengesetzten Substantive in ihre Bauteile
(so wie im 1. Beispiel).

Bahn	hof

Apfelbaum   Landbrot   Handschuh

Fahrrad   Hausschuh   Blitzlicht   Briefpapier

10 Aus welchen Bauteilen bestehen diese zusammengesetzten Adjektive?

hellrot

dunkelbraun

zartgrün

mittelblau

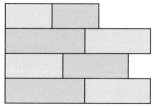

11 Hier sind die Bauteile als Bilder dargestellt.
Wie heißen die zusammengesetzten Substantive?

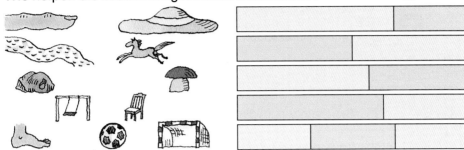

12 Erkennst du die Bauteile dieser Wörter?
Trenne sie durch senkrechte Striche ab.

Waschmaschine   Esstisch   Gießkanne   Bratpfanne
Kochtopf   Backform   Schöpfkelle   Rührlöffel

13 Zusammensetzung mit

- Markiere diesen Bauteil in allen Wörtern.

vorkommen   vorbei   Vorsicht
vorsagen   vorher   Vorrat
vorfahren   voraus   Vorfahrt
vorrennen   vorüber   Vorteil

14 Rätsel
Welches Wort
ist es?

Es steht vor Affe, Esel, Beere,
vor Held und Korb, vor Wurf und Sperre,
vor Schelle ist es auch zu finden,
sogar an Löwen lässt sich's binden.

Wortbauteile einer Fuge

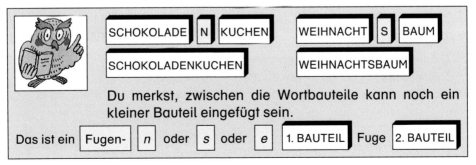

SCHOKOLADE **N** KUCHEN   WEIHNACHT **S** BAUM

SCHOKOLADENKUCHEN   WEIHNACHTSBAUM

Du merkst, zwischen die Wortbauteile kann noch ein kleiner Bauteil eingefügt sein.

Das ist ein Fugen- **n** oder **s** oder **e** 1. BAUTEIL Fuge 2. BAUTEIL

15 Achte beim Zerlegen auf den Bauteil in der Fuge.

	n		
		n	
		e	
			n

Ochsenschwanzsuppe

Blumenkohlsuppe

Kartoffelbrei

Schweineschnitzel

Schokoladenpudding

(In der Gaststätte sagt man zu einer solchen **Speisenfolge**: Menü.)

Bauteile abgeleiteter Wörter

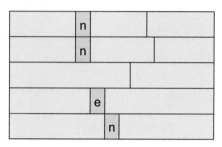

Das sind Vorsilben (Präfixe):			Das sind Nachsilben (Suffixe):		
un-	ur-	miss-	-ung	-heit	-keit
ver-	zer-	ent-	-nis	-schaft	-in
be-	ent-		-ig	-lich	-isch
			-bar	-sam	-haft

▶ Vorsilben sind Wortbauteile, die vor dem Wortstamm stehen.

▶ Nachsilben werden an den Wortstamm angefügt.

▶ Vorsilben und Nachsilben können nicht allein als Wort vorkommen. Sie bilden aber mit Wortstämmen viele neue Wörter: abgeleitete Wörter.

16 Übe dich im Erkennen von Vorsilben (Präfixen) und Nachsilben (Suffixen).

● Frage hier: *Wo ist eine Vorsilbe im Wort?*

● Trenne die Vorsilben durch senkrechte Striche vom Wortstamm ab.

Urlaub	entfernen	beginnen
Entschluss	verraten	zersägen
Misstrauen	entwickeln	beenden
Unglück	zertreten	Missgeschick
Erfolg	vergehen	Urteil
Ursache	erringen	Unruhe

17 • Frage hier:

Wo ist eine Nachsilbe im Wort?

• Trenne die Nachsilbe durch senkrechten Strich vom Wortstamm ab.

wichtig	Freundschaft	gewissenhaft
herrlich	Teilung	teilbar
seltsam	Freiheit	nördlich
rätselhaft	Ergebnis	riesig
	Schreibung	russisch

18 • Markiere Vorsilben und Nachsilben.

Veränderung	Erziehung	Bekanntschaft
Entwicklung	Vergangenheit	erholsam
unruhig	verständlich	verträglich
bedeutsam	unwichtig	

19 Die folgenden Sätze enthalten Verben mit dem gleichen Wortstamm, aber mit unterschiedlichen Vorsilben.

• Suche diese Verben heraus, rahme sie ein, markiere die verschiedenen Vorsilben.

Ich muss gestehen, das Rechnen macht mir keinen Spaß.
Ich habe Mühe, manche Aufgaben zu verstehen.
Wenn ich lange rechne, entstehen Flüchtigkeitsfehler.
Ich muss die Prüfung bestehen.

20 Welche Vorsilben passen zu den Verben?

• Verbinde Vorsilbe und Verb durch Striche.

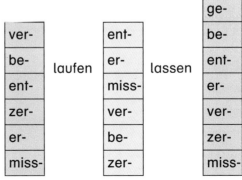

ver-		ent-		ge-	
be-	laufen	er-	lassen	be-	
ent-		miss-		ent-	fallen
zer-		ver-		er-	
er-		be-		ver-	
miss-		zer-		zer-	
				miss-	

Das solltest du dir merken

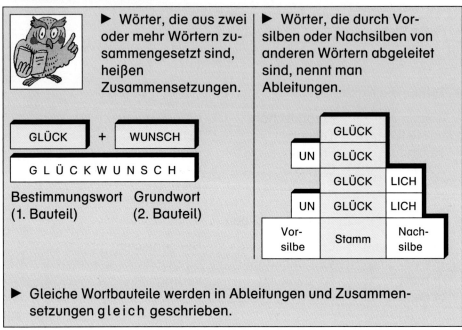

► Wörter, die aus zwei oder mehr Wörtern zusammengesetzt sind, heißen Zusammensetzungen.

► Wörter, die durch Vorsilben oder Nachsilben von anderen Wörtern abgeleitet sind, nennt man Ableitungen.

| GLÜCK | + | WUNSCH |

| G L Ü C K W U N S C H |

Bestimmungswort   Grundwort
(1. Bauteil)   (2. Bauteil)

► Gleiche Wortbauteile werden in Ableitungen und Zusammensetzungen g l e i c h geschrieben.

21 Prüfe dich in den folgenden Übungen, wie sicher du schon im Erkennen von Wortbauteilen in Ableitungen und Zusammensetzungen bist.

Frage dich:

Wie heißen in diesen Zusammensetzungen die Bestimmungswörter und wie heißen die Grundwörter?

● Markiere die Grundwörter.

● Beschrifte mit diesen zusammengesetzten Wörtern die Aufkleber für Muttis Einweckgläser.

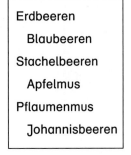

Erdbeeren

Blaubeeren

Stachelbeeren

Apfelmus

Pflaumenmus

Johannisbeeren

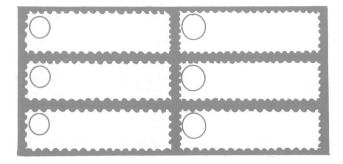

22 In dieser Wörterliste sind die Ableitungen markiert, also die Wörter, die mit Vorsilben oder Nachsilben gebildet sind.

Abfahrt
Busfahrt
Stausee
Ankunft
Wanderung
Verpflegung
Besichtigung
Bootsfahrt
Rückkehr
Dunkelheit

- Schreibe sie auf.

Frage: Wo ist eine Vorsilbe oder eine Nachsilbe im Wort?

- Markiere Vor- und Nachsilben.

_____

_____

_____

_____

- Streiche alle *b* in der Buchstabenschlange durch.

Das schult deine Aufmerksamkeit.

Bauteile gebeugter Formen

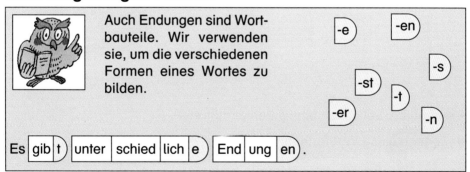

Auch Endungen sind Wortbauteile. Wir verwenden sie, um die verschiedenen Formen eines Wortes zu bilden.

-e   -en   -s   -st   -t   -er   -n

Es gib t unter schied lich e End ung en.

Das sind Endungen von Substantiven in der Mehrzahl (Plural):

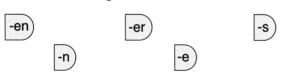

-en   -er   -s   -n   -e

23 Alle Tiernamen auf einer Zeile haben in der Mehrzahl (Plural) die gleiche Endung.

● Markiere sie und trage sie in den Wortbaustein ein.

Wölfe, Schafe, Hunde, Füchse, Pferde, Kühe

Bären, Leoparden, Elefanten, Nachtigallen

Lämmer, Kälber, Rinder

Ziegen, Forellen, Katzen, Schlangen, Tauben

Uhus, Kängurus, Lamas, Gorillas

Frage:

Wie heißt die Endung?

Durch Endungen werden auch die verschiedenen Formen eines Verbs gebildet.

ich denk	e	ich schreib	e	ich sprech	e
du denk	st	du schreib	st	du sprich	st
er denk	t	er schreib	t	er sprich	t
wir denk	en	wir schreib	en	wir sprech	en
ihr denk	t	ihr schreib	t	ihr sprech	t
sie denk	en	sie schreib	en	sie sprech	en

24 ● Stelle fest, mit welchen Endungen die gebeugten Formen eines Verbs gebildet werden.

MERKEN!
Gleiche Endungen werden immer gleich geschrieben.

25 Verbformen, bei denen häufig Fehler auftreten

● Zerlege diese Verbformen.

Frage hier:

Wie heißt der Wortstamm, wie heißt die Endung?

Hier so:	Wortstamm	Endung
er kommt	komm	t
du schaffst		
du holst		
er nimmt		

Hier so:	Vorsilbe	Stamm	Endung
du bestellst	be		
ihr versteht			
sie entdeckt			
es zerfällt			

Ein Lerntipp:
Schwierige gebeugte Verbformen findest du im Wörterverzeichnis von Nachschlagewerken (z. B. dem Duden). Sie stehen hinter der Nennform (Infinitiv). Du kannst sie dort richtig abschreiben.

Zum Beispiel:
fahren, er fährt, du fährst
fallen, er fällt, du fällst
fangen, er fängt, du fängst
fassen, ich fasse, er fasst, gefasst

26 Schlage im Wörterverzeichnis nach, damit du keine Fehler machst, wenn du diese schwierigen Verbformen einsetzt.

Zuerst _____ (lesen) du dir das Rezept genau durch.
Dann _____ (müssen) du alle Zutaten bereitstellen.
Zum Rühren _____ (nehmen) du am besten einen Holzlöffel.
Das Fett _____ (lassen) du ganz heiß werden.
Waffeln schmecken am besten, wenn du sie warm _____ (essen).

27 Auch die Endung *-d* ist ein Wortbauteil.

- Sprich die folgenden Wörter und Wortgruppen deutlich.
- Markiere die Endungen wie im 1. Beispiel.

passen**d**	ein passen**des** Geschenk
folgend	auf der folgenden Seite
bedeutend	ein bedeutender Hafen
spannend	ein spannendes Spiel
hervorragend	eine hervorragende Leistung

Mit einem lachen**den**		und einem weinen**den** Auge	Wann sagt man das?

Bauteile von gesteigerten Wörtern erkennen

▶ Adjektive und einige andere Wörter können gesteigert werden.
Beispiel: schnell – schneller – am schnellsten.
▶ Das sind Wortbauteile bei gesteigerten Wörtern:

 – | am schnell sten

Grundstufe Mehrstufe   Meiststufe

▶ Bist du beim Schreiben gesteigerter Wörter unsicher, dann frage dich:

Wie heißt die Grundstufe?

Welche Steigerungsendung?
er oder [e]st ?

28 ● Ergänze die fehlenden Wortbauteile:

schwer	schwerer	am schwersten
kalt	kält_____	am kältesten
hoch	höh_____	am höchsten
hart	härter	am _____sten
süß	süßer	am _____sten

● Markiere die Steigerungsendungen.

29 *Ein Quiz*

Welcher Berg ist am höch_____en?
Welcher Fluss ist am läng_____en?

Ein Rätsel

Ich bin am wärm_____en,
wenn es am kält_____en ist.
Ich bin am kält_____en,
wenn es am wärm_____en ist.

2. Übungsteil:
Wortbauteile richtig schreiben

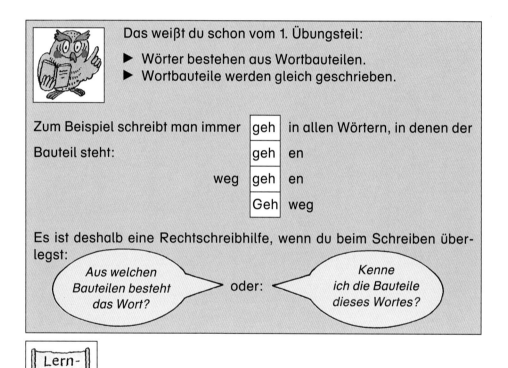

Das weißt du schon vom 1. Übungsteil:

▶ Wörter bestehen aus Wortbauteilen.
▶ Wortbauteile werden gleich geschrieben.

Zum Beispiel schreibt man immer | geh | in allen Wörtern, in denen der

Bauteil steht:

	geh	en
weg	geh	en
	Geh	weg

Es ist deshalb eine Rechtschreibhilfe, wenn du beim Schreiben überlegst:

Aus welchen Bauteilen besteht das Wort?   oder: *Kenne ich die Bauteile dieses Wortes?*

Lern-ZIEL   Wortbauteile erkennen und richtig schreiben

Nach Wortstämmen fragen und sie richtig schreiben

1 Übe die Gleichschreibung des Wortstammes in verschiedenen Wörtern.
- Präge dir diesen Wortstamm ein: SICHT
- Nun kannst du ihn in diesen Wörtern richtig schreiben.

das Ge_____   die Vor_____   die Ab_____
die Ein_____   die Be_____igung
     beab_____igen   ab_____lich

2 Ein Wortstamm unserer Sprache heißt GLEICH.

In allen diesen Wörtern aus dem Mathematikunterricht wird er gleich geschrieben:

$6 \cdot 9 = 9 \cdot 6$	Gl....ung
$7 \cdot 9 < 8 \cdot 9$	Un......ung
	G.....heit
	ver......en
	ver......bar

3 Bilde selbst eine Wortfamilie.
Verwende diese Wortbauteile und den Wortstamm HÖR .

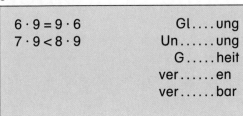

Kopf	Zu	ver	er
Spiel	zu	auf	en
Funk	Ge	hin	
	ge		

Kopfhörer   zuhören

_____   _____

Hör_____   _____

_____   _____

_____   _____

4 Ein Wortstamm, den man oft schreibt, heißt FAHR . Übe die Gleichschreibung dieses Wortstammes in der Wortfamilie. Frage dich bei jedem Beispiel:

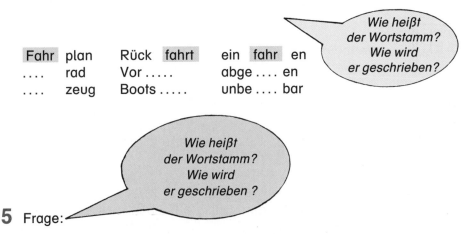

Wie heißt der Wortstamm? Wie wird er geschrieben?

Fahr plan	Rück fahrt	ein fahr en
.... rad	Vor	abge .... en
.... zeug	Boots	unbe .... bar

Wie heißt der Wortstamm? Wie wird er geschrieben ?

5 Frage:

- Ergänze zu jeder Wortfamilie 2 weitere Beispiele.
- Achte auf die Gleichschreibung des Wortstammes.

vorkommen, er kommt, bekommen,

das Einkommen ——————————— , ———————————

Wohnung, wohnlich, Wohnhaus, bewohnen,

——————————— , ——————————— , unbewohnt

——————————— , ——————————— , lehrreich,

Lehrling, Lehrbuch, gelehrt, Gelehrte

Verwandte Wörter mit Umlaut im Wortstamm

6 Auch diese Wörter haben einen gemeinsamen Wortstamm. Aus dem Stammvokal wird manchmal ein Umlaut.

Has e	– Häs chen	Brot	– Brötchen	Taube	– Täubchen
Hand	– Händchen	Stock	– Stöckchen	Staub	– Stäubchen
Stadt	– Städtchen	Rock	– Röckchen		

- Kennzeichne die Wortstämme so wie im 1. Beispiel.

7 Welche Wörter sind miteinander verwandt?

- Schreibe sie nebeneinander auf und markiere die Wortstämme.

tragen			gefährlich
Gefahr			Höhle
schaden			Träger
hohl			schädlich
bauen			Gebäude

Zusammengesetzte Wörter zerlegen und richtig schreiben

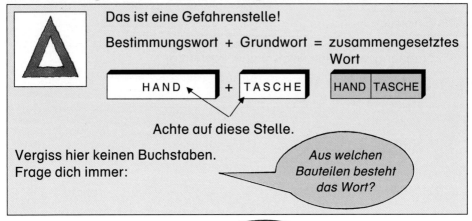

Das ist eine Gefahrenstelle!

Bestimmungswort + Grundwort = zusammengesetztes Wort

HAND + TASCHE = HAND TASCHE

Achte auf diese Stelle.

Vergiss hier keinen Buchstaben. Frage dich immer:

Aus welchen Bauteilen besteht das Wort?

8 Welche Buchstaben müssen hier noch stehen?

Aus welchen Bauteilen besteht das Wort?

- Frage dich:

die Alt__toffe   der Obst__eller
das Hand__uch   die Rast__tätte
der Fest__aal   die Wan__tafel

9 Zeichen, die viele Menschen kennen
Was bedeuten sie?

- Schreibe die zusammengesetzten Wörter auf.
- Frage dich beim Aufschreiben:

Aus welchen Bauteilen besteht das Wort?

_____   _____   _____   _____

10 Sebastian hat einen Merkzettel für Weihnachtsgeschenke geschrieben. Er liest ihn noch einmal durch und kontrolliert, ob er alles richtig geschrieben hat. Bei jedem Wort fragt er:

Aus welchen Bauteilen besteht es?

- Sebastian entdeckt 2 Fehler. Findest du sie auch?
- Trage die 2 Wörter hier richtig ein.

_____

_____

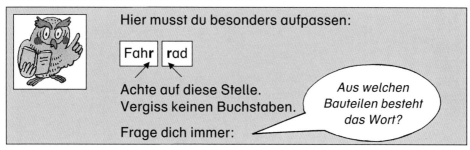

Weihnachtsgeschenke!

Für wen?	Was?
Mutti	Fotoalbum
Vati	Schallplatte
Opa	Kugelschreiber
René	Fahradwimpel
Susanne	Briefpapier
Oma	Hantuchhalter

Gleiche Buchstaben treffen zusammen

Hier musst du besonders aufpassen:

Fahr | rad

Achte auf diese Stelle.
Vergiss keinen Buchstaben.

Frage dich immer:

Aus welchen Bauteilen besteht das Wort?

11 Hier treffen 2 gleiche Buchstaben zusammen.
- Trenne die beiden Teilwörter durch einen senkrechten Strich.

abbauen   annehmen
abbiegen   annähen
abbestellen

aussägen   auffangen
ausstellen   auffordern
aussehen   auffällig

Eine Gedächtnisstütze

viel + leicht =

vielleicht

12
- Schreibe die zusammengesetzten Verben auf.
- Sage dir bei jedem Wort:

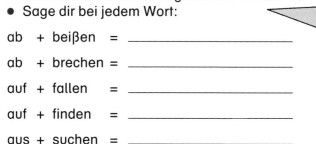

Es besteht aus …

ab + beißen = _____

ab + brechen = _____

auf + fallen = _____

auf + finden = _____

aus + suchen = _____

13 ● Bilde aus den Wortgruppen zusammengesetzte Substantive.
● Bevor du die Substantive aufschreibst, frage dich:

> Aus welchen Bauteilen besteht das Wort?

(Vergiss keinen Buchstaben.)

Schuhe, die man zu Hause anzieht = _____

die Lehne des Stuhles = _____

der Schwanz des Fuchses = _____

ein Teil der Stadt = _____

eine Gaststätte auf dem Berg = _____

14 Wo liegt der Fehler?
Prüfe Wort für Wort.
Frage jedes Mal:

> Aus welchen Bauteilen besteht das Wort?

falsch	richtig
abeißen	_____
wegehen	_____
zurückkommen	_____
vieleicht	_____
Stadteil	_____
Glascherbe	_____
Schreiblock	_____

15 Partnerlernen
Steffi und Jana arbeiten oft als Banknachbarn zusammen. Bei einer Übung hat Steffi geschrieben:

Im März ist Ausaat.

Steffi hat das unterstrichene Wort falsch geschrieben.
Wie könntest du Steffi erklären, warum es falsch ist?

16 2 gleiche Buchstaben oder nicht?

- Entscheide und setze richtig ein.
- Frage dich jedes Mal:

> Aus welchen Bauteilen besteht das Wort?

a	b	eißen	au	f	angen	au	s	äen
a	b	ändern	au	f	ressen	au	s	uchen
a	b	iegen	au	f	reißen	au	s	bilden

17 Kontrolliere, ob alles richtig ist.

In der 5a wurde ein Wortdiktat geschrieben. Kai hat alle Wörter, bei deren Schreibung er nicht ganz sicher war, mit Bleistift unterstrichen. Danach prüft er diese Wörter noch einmal. Er fragt:

> Aus welchen Bauteilen besteht das Wort?

Kai Ehrhard, 5a

Wortdiktat
die Tischplatte, das Schwarzbrot, die Unterrichtsstunde, der Marktplatz, der Salztreuer, die Herbsblume, der Wunschzettel, die Miteilung

1 _____

2 _____

3 _____

Wie muss Kai korrigieren, damit er eine 1 bekommt?

Das Fugen-*s* nicht vergessen

Bei zusammengesetzten Substantiven kann zwischen Grundwort und Bestimmungswort ein Fugen-*s* stehen:

  VERKEHR · S · SCHILD

Achte darauf, dass du beim Schreiben dieses Fugen-*s* nicht vergisst.

18 • Zerlege die zusammengesetzten Substantive so, wie es dir das Beispiel zeigt.

Geburtstag | Geburt | + | s | + | tag |

Geburtstagskarte   _____ + __ + _____ + s + _____

Geburtstagsfeier   _____ + __ + _____ + _ + _____

Geburtstagsgeschenk   _____ + __ + _____ + _ + _____

> Kleiner Tipp: Lege dir einen | Geburt | s | tag | s | kalender | an.

19 Welche zusammengesetzten Substantive entstehen?
Achte auf das *s* in der Wortfuge. _____

ein Geschenk für Weihnachten   _____

eine Gefahr für das Leben   _____

ein Schild für den Verkehr   _____

ein Koch auf dem Schiff   _____

Wenn du im Deutschunterricht ein Übungs- oder Kontrolldiktat zu schreiben hast und es geht dir etwas zu schnell, dann

• unterstreiche die Wörter, bei denen du unsicher bist, ganz fix mit dem Bleistift.

• Wenn du dir am Schluss das Diktat noch einmal in Ruhe durchliest, überlege, wie diese Wörter zu schreiben sind, und korrigiere, wenn nötig.

20 EINE WORTBAUSTELLE

Welche Wörter kannst du bauen? Achte auf das Fugen-*s*.

SICHERHEIT	**S**	TAG
WOHNUNG		GURT
ARBEIT		AMT
		SCHLÜSSEL
		ZEIT

_____

_____

_____

_____

_____

Ein *h* am Ende des Bestimmungswortes – vergiss es beim Schreiben nicht.

Geh	steig
Näh	maschine
Mäh	drescher

Bei einigen zusammengesetzten Substantiven endet das Bestimmungswort auf *h*. Das ist oft eine rechtschreibliche Stolperstelle.
Du kannst sie umgehen, wenn du dir überlegst, aus welchem Verbstamm das Bestimmungswort besteht.

> *‚Gehsteig' besteht aus* Geh + steig .
> Geh *kommt von ge*h*en. Also schreibe ich* Gehsteig *auch mit* h.

21 Trainiere das Mitdenken beim Schreiben.

‚Sprühflasche' besteht aus _____ + _____ .

Sprüh kommt von _____ , also _____ .

‚Ausleihstation' besteht aus _____ + _____ .

Ausleih kommt von _____ , also _____ .

‚Ziehbrunnen' besteht aus _____ + _____ .

Zieh kommt von _____ , also _____ .

‚Stehlampe' besteht aus _____ + _____ .

Steh kommt von _____ , also _____ .

‚Fernsehbild' besteht aus _____ + _____ + _____ .

seh kommt von _____ , also _____ .

22 Ein Rätsel um Wörter mit früh

1. eine Jahreszeit
2. Morgensport
3. ein Beet, das als erstes im Garten bestellt wird
4. was wir am Morgen essen
5. Kartoffeln, die als erste geerntet werden

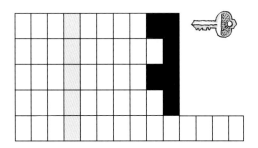

23 | WEIH | + | NACHT | = | Weihnacht | (en)

Der Wortstamm *weih* kommt von „weihen". Das bedeutet „segnen". Du kannst dir auch als Bedeutung „sehr feierlich" merken.

Fest   Wunsch
Gans
Zeit   Mann
Stollen
Geschenk

● Welche zusammengesetzten Substantive kannst du bilden?

WEIH	NACHT	S	FEST

—————— —————— —————— ——————

—————— —————— —————— ——————

—————— —————— —————— ——————

—————— —————— —————— ——————

—————— —————— —————— ——————

Das schreibt man oft:

Alles Gute zu Weihnachten
Frohe Weihnachten
Ein fröhliches Weihnachtsfest
Herzliche Weihnachtsgrüße

Hier steht immer der Buchstabe *H* in unterschiedlichen Arten und Größen. Eine Schreibform des Buchstabens ist nur einmal vertreten. Welche?

Das schult deine Aufmerksamkeit.

28

Abgeleitete Wörter zerlegen und richtig schreiben

Abgeleitete Wörter haben **V o r s i l b e n** (Präfixe) und
N a c h s i l b e n (Suffixe) als Wortbauteile.
Beispiele: **ver**wechseln   herz**lich**   **Ent**deck**ung**
　　　　　　↑　　　　　　　↑　　　↑　　　↑
　　　　　Vorsilbe　　　　Nachsilbe　Vor-　Nach-
　　　　　　　　　　　　　　　　　silbe　silbe

Gleiche Vorsilben und gleiche Nachsilben
werden immer mit den gleichen Buchstaben geschrieben. Ihre Schreibung musst
du dir gut merken. Dann kannst du sie auch
in anderen Wörtern richtig schreiben.
Frage dich beim Schreiben:

> *Ist eine Vorsilbe
> oder eine Nachsilbe
> im Wort?*

24 Erkennst du die Vorsilben und Nachsilben?

● Markiere sie.

erlauben	Erlaubnis
verzeihen	Verzeihung
zerstören	Zerstörung
berichtigen	Berichtigung
verstehen	Verständnis
ergeben	Ergebnis
uralt	Urgemeinschaft
entschuldigen	Entschuldigung
unklar	Unklarheit

Das sind Nachsilben:

-heit　　-ung　　-keit
-schaft　　　-nis

Das sind Vorsilben:

er-　　un-　　ent-　　miss-
ver-　　ur-　　zer-　　be-

**Eine
Merkhilfe**

Vorsilben und Nachsilben werden mit so wenig
Buchstaben wie möglich geschrieben. Hier ist
die deutsche Sprache sehr sparsam mit Buchstaben = S p a r s c h r e i b u n g .

Sparschreibung in Vor- und Nachsilben

Vorsilben, deren Schreibung du dir besonders gut merken musst:

Ent | wicklung　　Miss | trauen
Ver | trauen　　　Ur | sache

25 ● Welche Vorsilbe gehört wohin?

groß!   klein!

die _____deckung   _____gessen

die _____geschichte   _____wässern

die _____ernte   _____dursten

das _____ständnis   _____zeihen

das _____verständnis   _____fernen

Beachte: Sparschreibung!

26 ● Welche Nachsilbe gehört wohin?

die Freund_____   wunder_____

die Verteidig_____   selt_____

die Frei_____   vergess_____

die Einig_____   sahn_____   gewissen_____

> Auch Nach-
> silben haben Spar-
> schreibung.

27 Übe hier so:

● Lies immer ein Wortpaar.
● Schreibe es aus dem Gedächtnis auf.
        Frage dich dabei:
● Vergleiche dann.

> Wo ist eine Vorsilbe?
> Wo ist eine Nachsilbe?

entstehen   _____   der Misserfolg   _____

entschließen   _____   die Missachtung   _____

zerfließen   _____   die Eigenschaft   _____

zerlegen   _____   die Verwandtschaft   _____

verderben   _____   das Ereignis   _____

verlassen   _____   das Wagnis   _____
                           (Was ist das?)

● Markiere nun alle Vor- und Nachsilben.

Das schult deine Aufmerksamkeit:

- Wo steht *miss-*?
  Markiere diesen Wortbauteil, der als Vorsilbe verwendet wird.

> missnisnistMistmussmeistmisstMiss

> mussmeistnismissmissmeistMissMistnis

3 Rechtschreibhürden

1. Rechtschreibhürde: Zwei Ausnahmen von der Sparschreibung

▶ Bei den Nachsilben *-in* und *-nis* herrscht nur in der Einzahl (Singular) Sparschreibung.

▶ In der Mehrzahl (Plural) werden *n* und *s* verdoppelt.

▶ **Einzahl** (Singular)
Schülerin
Ereignis

▶ **Mehrzahl** (Plural)
Schülerinnen
Ereignisse

28 • Ergänze die fehlenden Nachsilben.

	Einzahl (Singular)	**Mehrzahl** (Plural)
-in	die Sänger_____	die Sängerinnen
-innen	die Schaffnerin	die Schaffner_____
-nis	die Polizistin	die Polizist_____
-nisse	das Hinder_____	die Hindernisse

2. Rechtschreibhürde: Die Vorsilbe *ur-*

Sie wird immer *ur-* geschrieben.

29 der Urlaub   die _____sache   der _____wald

> Merke dir:
> Wenn es um Geschichtliches, „Uraltes", geht, steht die Vorsilbe *ur-*.

30 Jäger und Sammler in der Frühzeit der Menschen

die _____menschen
die _____geschichte

Wo steckt der Fehler?
In der Gemeinde Kleinwelka (Lausitz)
gibt es einen Urtierzoo. Dort kann man
Saurier aus der Uhrzeit betrachten.

3. Rechtschreibhürde: Die Nachsilbe *-ung*

Die Nachsilbe *-ung* wird immer *-ung* geschrieben (nicht *-rung*!).

32 Bei diesen Wörtern musst
du besonders aufpassen.

> *Aus welchen
> Bauteilen besteht
> das Wort?*

● Frage vor dem Schreiben:

● Übe so:
Wanderung besteht aus Wortstamm   + Nachsilbe
                WANDER   UNG

Änderung besteht aus   ——————— + ———————————

Sicherung besteht aus   ——————— + ———————————

Führung besteht aus   ——————— + ———————————

Gleiche Buchstaben treffen zusammen

Vorsilbe + Wort   = abgeleitetes Wort

ver + raten   = verraten
ent + täuschen = enttäuschen

Damit du beim Schreiben keinen Buchstaben vergisst,
musst du das Wort in Gedanken in seine Bauteile zerlegen.

33 Hier treffen 2 gleiche Buchstaben zusammen.

- Frage dich:
- Trenne die Vorsilbe durch einen senkrechten Strich ab.
  Beispiel: er | raten

Aus welchen Bauteilen besteht das Wort?

erraten	verringern	zerreißen	verrücken
erreichen	enttäuschen	verrechnen	erringen

34 Welche abgeleiteten Wörter entstehen?

er	enden
be	richten
zer	raten
ver	reiben

- Schreibe alle Wörter auf, die du bilden kannst.
- Markiere dann die Wörter, in denen 2 gleiche Buchstaben aufeinander treffen.

_____ _____ _____

_____ _____ _____

_____ _____ _____

35 Übe hier die Kontrolle.

Stell dir vor, du hättest dieses Diktat geschrieben.
Kontrolliere dann noch einmal, ob alles richtig ist.

- Prüfe mit der Frage:

Aus welchen Bauteilen besteht das Wort?

Wo stecken die Fehler?

Übungsdiktat
*eine große Enttäuschung
die geeignete Kleidung
die Lösung eraten
geehrt werden
den Sieg erringen
ein verregnetes Wochenende*

Das schult deine Aufmerksamkeit

Ein Krug ist zweimal abgebildet. Welcher?

Rechtschreibhilfen für Wörter mit den Nachsilben *-lich, -ig, -isch*

36

| | + | *lich* |

| | + | *ig* |

| | + | *isch* |

● Markiere bei allen Adjektiven die Nachsilben.

rundlich	kritisch	freundlich
riesig	billig	neidisch
herrisch	ehrlich	wichtig

37 Diese Zeichen kennst du.
Was bedeuten sie?

 _____ _____ _____

Übe hier 2 Denkschritte, die dir beim Schreiben helfen können:

Das Wort kommt von ... Es besteht aus ...

38 ● Sprich in Gedanken – wie im 1. Beispiel

Das ist eine wichtige Übung.

pünktlich	kommt von *Punkt.*	Es besteht aus *pünkt*	+ *lich.*
gefährlich	kommt von _____.	Es besteht aus _____	+ _____.
östlich	kommt von _____.	Es besteht aus _____	+ _____.
fröhlich	kommt von _____.	Es besteht aus _____	+ _____.
ärztlich	kommt von _____.	Es besteht aus _____	+ _____.
kräftig	kommt von _____.	Es besteht aus _____	+ _____.
riesig	kommt von _____.	Es besteht aus _____	+ _____.
mächtig	kommt von _____.	Es besteht aus _____	+ _____.
zänkisch	kommt von _____.	Es besteht aus _____	+ _____.
stürmisch	kommt von _____.	Es besteht aus _____	+ _____.
verräterisch	kommt von _____.	Es besteht aus _____	+ _____.

Eine Wortgeschichte um *-lich*

Wörter wie *rundlich* oder *weiblich* bestanden früher einmal aus 2 Substantiven. *-lich* bedeutete vor vielen hundert Jahren in der deutschen Sprache ‚Körper' oder ‚Gestalt'. Das Wort *rundlich* bedeutete also ‚von runder Gestalt'. Was bedeutete dann *kindlich, weiblich, väterlich*?

39 Der Kompass zeigt sie an

- Schreibe die 4 Himmelsrichtungen untereinander auf.
- Bilde dann die Adjektive und sprich beim Aufschreiben in Gedanken:

Das Wort kommt von ... Es besteht aus ...

1. <u>Norden</u>   – <u>nördlich</u>
2. _____ – _____
3. _____ – _____
4. _____ – _____

40 Landschaften in Deutschland

- Wie heißen die Adjektive mit der Nachsilbe *-isch*?
- Nutze beim Aufschreiben die zwei Denkschritte.

Mecklenburg   m_____ Seen

Thüringen   t_____ Glaswaren

Sachsen   s_____ Städte

Bayern   <u>bayr</u>_____Schlösser

41 Wie man Nachrichten übermitteln kann

mündlich   kommt von *Mund.*   Es besteht aus *münd* + *lich.*

_____ kommt von *Brief.*   Es besteht aus _____ + _____ .

_____ kommt von *Schrift.*   Es besteht aus _____ + _____ .

_____ kommt von *Telefon.*   Es besteht aus _____ + _____ .

_____ kommt von *Telegraf* (= Fernschreiber).   Es besteht aus _____ + _____ .

42 Diese Adjektive mit der Nachsilbe *-ig* musst du dir gut einprägen.

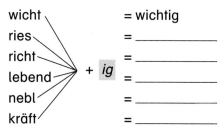

wicht   = wichtig
ries   = _____
richt   = _____
lebend   + *ig*   = _____
nebl   = _____
kräft   = _____

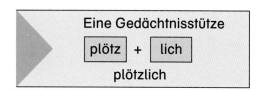

Eine Gedächtnisstütze

plötz + lich

plötzlich

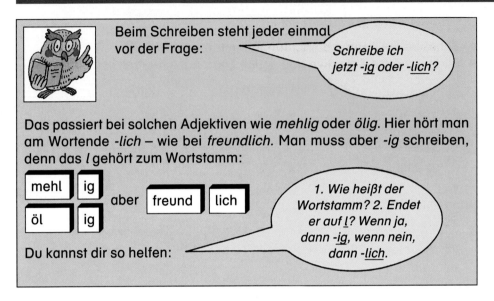

Beim Schreiben steht jeder einmal vor der Frage: *Schreibe ich jetzt -ig oder -lich?*

Das passiert bei solchen Adjektiven wie *mehlig* oder *ölig*. Hier hört man am Wortende *-lich* – wie bei *freundlich*. Man muss aber *-ig* schreiben, denn das *l* gehört zum Wortstamm:

mehl ig
öl ig
aber freund lich

1. Wie heißt der Wortstamm? 2. Endet er auf l? Wenn ja, dann -ig, wenn nein, dann -lich.

Du kannst dir so helfen:

43 ● Übe die Denkschritte.

		Wie heißt der Wortstamm?	Endet der Wortstamm auf -l?	dann:
stache	< lich? / lig?	*Stachel*	ja	*stachelig*
ärger	< lich? / lig?	_____	_____	_____
hand	< lich? / lig?	_____	_____	_____
kind	< lich? / lig?	_____	_____	_____
vergess	< lich? / lig?	_____	_____	_____

Merken! *-lich* oder *-ig*? Wenn Stamm auf *-l*, dann *ig*.	MEHL	IG

Nachsilben als Signale für Groß- und Kleinschreibung

Bisher hast du geübt, Wörter in ihre Bauteile zu zerlegen, damit du sie richtig schreiben kannst.
Jetzt lernst du, einige Wortbauteile auch als Signale zu beachten, die dir zuverlässig sagen:
▶ Dieses Wort muss ich mit großem Anfangsbuchstaben schreiben.
oder:
▶ Dieses Wort muss ich mit kleinem Anfangsbuchstaben schreiben.

Die Großschreibung von Wörtern auf

| -ung | -heit | -keit | -nis | -schaft |

üben

▶ Wörter mit den Nachsilben

-ung, -heit, -keit, -nis, -schaft

sind Substantive.

▶ Sie werden deshalb mit großem Anfangsbuchstaben geschrieben.

44 ● Kennzeichne die Wortbauteile, die dir sagen: Diese Wörter sind Substantive, sie werden mit großem Anfangsbuchstaben geschrieben.

● Sage dir bei jedem Wort:

Erkenntnis, Trockenheit, Landschaft
Erzählung, Gemütlichkeit, Erholung
Zeugnis, Verwandtschaft, Hindernis

*Nachsilbe ...,
also großer
Anfangsbuchstabe*

● Probiere hier aus, ob du _____
die 3 schwierigsten Wörter
richtig schreiben kannst. _____

_____

45 Groß oder klein? Warum ist es ganz leicht, diese Frage zu beantworten?

● Schreibe die Wörter. Antwort:

...

w
W issenschaft _____

B
b ereitschaft _____

M
m annschaft _____

M
m eisterschaft _____

Denke an die
Sparschreibung
der Nachsilbe
-schaft.

F
f reundschaft _____

46 ● Bilde aus den Wortbauteilen Substantive mit der Nachsilbe -heit oder -keit.

● Denke beim Aufschreiben:

*Nachsilbe ...,
also großer
Anfangsbuchstabe*

flüssig	_____
schwierig	_____
haltbar	+ -keit _____
sicher	+ -heit _____
gesund	_____
krank	_____

47 Dieses Wörterversteck enthält
8 Substantive auf -ung.

● Markiere die Substantive zuerst, schreibe sie dann auf.

● Denke beim Aufschreiben wieder:

*Nachsilbe ...,
also großer
Anfangsbuchstabe*

L	M	S	S	P	A	N	N	U	N	G
V	E	R	A	B	R	E	D	U	N	G
T	S	P	R	E	N	G	U	N	G	T
T	E	I	L	U	N	G	R	P	I	E
X	E	N	T	D	E	C	K	U	N	G
B	E	N	U	T	Z	U	N	G	C	K
N	W	A	N	D	E	R	U	N	G	M
O	P	B	I	E	G	U	N	G	S	W

_____

_____

_____

_____

_____

_____

_____

_____

48 Das liest man oft auf Anschlagtafeln oder Zetteln.

| Einladung zum Straßenfest | | Bekanntmachung |

| | Mitteilung an alle Fahrschüler | |

- Unterstreiche alle Substantive auf *-ung*, kennzeichne *-ung*.
- Entwirf eine Einladung für eure Klasse oder Schule
  zum Sommerfest
  am Sonnabend, dem … Juni,
  ab 15.00 Uhr.

Beachte: am, dem ↷

49 „Verschlüsseltes"
Wenn nicht jeder beliebige Leser eine Mitteilung verstehen soll, dann
kann man sie verschlüsseln.

Hier eine verschlüsselte
Mitteilung von einem Sportfreund

*Das unheimliche Entscheidungs-
spiel verboten für keine unsere
gegnerische Mannschaft und
ist nicht verschoben weil auf
ab das gestrige kommende
lange Wochenende.*

Der richtige Wortlaut
der Mitteilung

Das _____
_____
_____
_____
_____
_____

 Wenn du nur jedes zweite
Wort liest und aufschreibst,
erhältst du den richtigen
Wortlaut.

Beachte: Woche | n | ende

 Die Kleinschreibung von Adjektiven auf

-ig   *-lich*   *-isch*

üben.

▶ Wörter mit den Nachsilben

| -ig | -isch | -lich | sind Adjektive.

▶ Sie werden mit kleinem Anfangsbuchstaben geschrieben.

50 ● Kennzeichne in den dick gedruckten Wörtern die Nachsilben -ig, -lich, -isch.

● Sage dir bei jedem dieser Wörter: *Nachsilbe ..., also kleiner Anfangsbuchstabe*

sich **plötzlich** umdrehen, sich **häufig** verschreiben, **modisch** gekleidet sein, **gründlich** überlegen, in **regelmäßigen** Abständen, an einer **gefährlichen** Stelle, im **römischen** Heer, bei **freundlichem, sonnigem** Wetter

51 ● Frage dich zuerst: *Welche Nachsilbe hat das Wort?*
● Ergänze dann die fehlenden Anfangsbuchstaben.

l
der . istige Fuchs
eine . ustige Geschichte
ein . änglicher Körper

W
das . ellige Haar
ein . ichtiger Tag
ein . ackliger Stuhl

v
ein . erlässlicher Mann
eine . erräterische Bewegung

p
ein . olnisches Schiff
ein . lötzlicher Einfall

52 Wörter auf -ig, -lich, -isch werden kleingeschrieben, auch dann, wenn sie von Substantiven abgeleitet sind.

● Unterscheide und denke beim Aufschreiben: *Nachsilbe ..., also Kleinschreibung*

der Freund – freundlich
der Frieden – f _____
die Stunde – _____

der Schmutz – schmutzig
die Trauer – _____
der Wille – _____

der Sturm - stürmisch
der Neid – _____
die Stadt – _____

40

53 Aus Substantiven (mit großem Anfangsbuchstaben) werden durch die Nachsilben -ig, -lich, -isch Adjektive (mit kleinem Anfangsbuchstaben).

ein Mädchen, das vier
Jahre alt ist — ein vierjähriges Mädchen

ein Mensch, der mit
viel Vorsicht handelt — ein _____ Mensch   -ig

Arme, die viel Kraft
haben — _____ Arme

Länder, die im Süden
liegen — südliche Länder

ein Versuch, der mit
Gefahr verbunden ist — ein _____ Versuch   -lich

Insekten, die Schaden
anrichten — _____ Insekten

54 Aus diesen Substantiven lassen
sich Adjektive bilden.

Beachte:
Nachsilbe ..., also
kleiner Anfangs-
buchstabe

Tag   Fleiß   Laune   -ig
   Hass   Gift   -lich
              -isch

• Ordne sie folgenden Bedeutungen zu.

– unschön, missgestaltet

– Haupteigenschaft der Bienen

– bei Pilzen das Gegenteil von *essbar*

– jeden Tag

– Launen haben

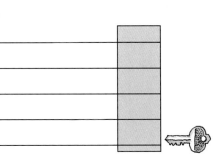

55 Mit großem oder kleinem Anfangsbuchstaben? Streiche den falschen Buchstaben durch.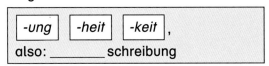

Präge dir ein:

eine $^{r}_{R}$ichtige $^{e}_{E}$ntscheidung

an $^{o}_{O}$rdnung gewöhnt sein

-ung   -heit   -keit ,

also: _____ schreibung

immer $\overset{o}{O}$rdentlich schreiben

eine $\overset{ö}{Ö}$lige $\overset{f}{F}$lüssigkeit

das Wachs $\overset{f}{F}$lüssig machen

bei $\overset{s}{S}$türmischem Wetter

Präge dir ein:

-ig	-lich	-isch

also: _____ schreibung

Gefahrenstellen bei der Rechtschreibung gebeugter Verben

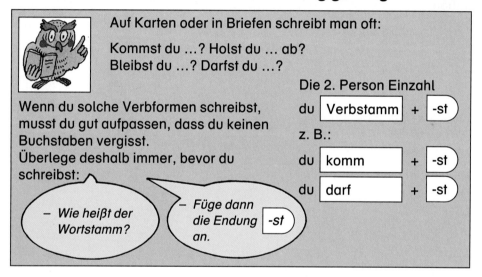

Auf Karten oder in Briefen schreibt man oft:

Kommst du ...? Holst du ... ab?
Bleibst du ...? Darfst du ...?

Wenn du solche Verbformen schreibst, musst du gut aufpassen, dass du keinen Buchstaben vergisst.
Überlege deshalb immer, bevor du schreibst:

– Wie heißt der Wortstamm?

– Füge dann die Endung -st an.

Die 2. Person Einzahl

du | Verbstamm | + | -st

z. B.:

du | komm | + | -st

du | darf | + | -st

56 Fragen an den Freund (in einem Brief)

● Bilde die richtige Verbform.
● Trage sie ein. Überlege, wie der Wortstamm heißt und füge die Endung -st an.

_____ du mit uns eine Radtour machen?
(wollen)

_____ du mich einmal _____?
(anrufen)

_____ du mir die Bastelanleitung?
(schicken)

_____ du meine Hefte?
(brauchen)

> Gut merken!
> In Briefen fragt man manchmal auch so:
> Bi st du …?
> Ha st du …?
> Wir st du …?
> Auch hier ist -st die Endung für die 2. Person Einzahl.

57 Zettelpost in der Familie

- Ergänze die Mitteilungen sinnrichtig.
- Überlege beim Schreiben der Wörter.

> – Wie heißt
> der Wortstamm? Dann:
> – Endung -st an den Wort-
> stamm anfügen.

> Hallo, großer Bruder!
> Wir wollten heute Recht-
> schreibung üben. ....
> du gegen 16.00 Uhr?
> Gruß
> Sebastian

> Mutti, Frau Richter fragt an,
> ob du morgen zu ihr .....
> Sie wartet auf einen Anruf.
> Caroline

> An Caroline
> Wenn du heute Frau Richter ......,
> dann sage ihr bitte, dass ich _nicht_
> kommen kann.   Mutti

Wenn der Verbstamm auf -s, -ß, -z, -tz, -x ausgeht, wird in der 2. Person Einzahl nicht -st, sondern nur -t angefügt.

du verreis + t) , also: du verreist

du grüß + t) , also: du grüßt

du heiz + t) , also: du heizt

du putz + t) , also: du putzt

du box + t) , also: du boxt

Was würdest du als Empfänger
dieser Karte denken?

Ein Tipp:

Das muss man wissen:
Wer schmiert, über-
sieht leicht seine
Rechtschreibfehler.

58 Eine Ansichtskarte ist (richtig und lesbar) zu schreiben.

Über eine Ansichtskarte aus deinem Ferienort freuen sich Verwandte und
Freunde. Damit dir beim Schreiben solcher Grüße keine Fehler passieren,
kannst du hier Wörter üben, die oft auf Ansichtskarten verwendet werden.

● Übe so, wie es in der Tabelle angegeben ist.

1. Schritt Unterstreiche die Wörter, deren Schreibung für dich schwierig ist.	2. Schritt Schreibe die unterstrichenen Wörter aus dem Gedächtnis auf. Frage: Aus welchen Bauteilen besteht das Wort?	3. Schritt Schreibe die Wörter noch einmal auf.
herzliche Grüße		
es grüßt		
Urlaubsort		
Zeltlager		
Klassenausflug		
Radtour		
Jugendherberge		
Unterkunft		
Campingplatz		
regnerisch		
sonniges Wetter		
Verpflegung		
Schwimmbad		
Museumsbesuch		
Burgbesichtigung		
Motorrad		
marschieren		

59
- Welche weiteren Wörter könnten noch auf einer Ansichtskarte stehen?
- Schreibe diese Wörter auf und frage dabei:

Aus welchen Bauteilen besteht das Wort?

- Kontrolliere anschließend im Wörterverzeichnis, ob du alles richtig geschrieben hast.

3. Übungsteil: Hilfen zum Einprägen

Wie lässt sich diese Schreibung bloß merken?

Für die Schreibung einer ganzen Anzahl von Wörtern gibt es keine Regeln oder Prüfverfahren. Man muss sich bei ihnen fest einprägen, welche Buchstaben in welcher Reihenfolge vorkommen. Aber auch das Einprägen will gelernt sein.

Lern-ZIEL

▶ Hilfen zum Einprägen für Wortschreibungen ausprobieren

▶ Herausfinden, wie du dir Schreibungen am leichtesten einprägst

▶ Das Einprägen von Wortschreibungen trainieren

Eine 1. Hilfe zum Einprägen:

Markieren oder Einkringeln der schwierigen Stellen

Wenn du Wörter markierst oder ihre Rechtschreibklippen einkringelst, hebst du sie hervor und wirst auf sie besonders aufmerksam. Dadurch prägen sie sich in deinem Gedächtnis fest ein und du erinnerst dich beim Schreiben an sie – wie an Signale:

Gefäß   pressen   bre nn en   Re gie rung   es fl ießt

1 ● Welche Stelle ist hier schwierig? Kringle sie ein.
(Wähle eine Farbe, die dir am besten gefällt.)

lassen	essen	wissen	Kessel	Klasse
fassen	messen		Sessel	Gasse
passen	vergessen	müssen	Fessel	Masse

● Lies jedes einzelne Wort noch einmal aufmerksam. Decke es ab und schreibe es aus dem Gedächtnis auf. Kontrolliere anhand der Vorlage.

ÜBRIGENS ▶ Auch das Aufschreiben als Reimwörter hilft dir beim Einprägen.

46

2 • Präge dir durch Markieren oder Einkringeln auch diese Schreibungen ein. Wenn du reimst, kannst du dir noch einige Wörter mehr einprägen.

du lässt   du isst   du reißt   du musst

Kreuze an, was für dich zutrifft.   Diese 1. Hilfe gefällt mir

sehr	ganz gut	gar nicht

2. Hilfe zum Einprägen:

Schriftproben machen
Schriftproben machen
Schriftproben machen
Schriftproben machen
machen machen

Wenn du Wörter
• groß und breit,
• winzig klein,
• größer oder kleiner werdend,
• mit unterschiedlichen Farbstiften
– also anders als sonst – mehrfach aufschreibst, prägst du dir ihre Schreibung ein.

3 Wähle 5 Wörter aus, deren Schreibung du dir einprägen willst.
Stell dir vor, du müsstest sie auf einer Tafel vor dem Gemüsegeschäft oder auf einem Einkaufszettel aufschreiben.
Übe diese Wörter, indem du unterschiedliche Schriftproben machst.

Erbsen
Möhren
Bohnen
Gurken
Paprika
Tomaten
Schnittlauch
Petersilie
Feldsalat
Spinat

Einkaufszettel

Diese Hilfe gefällt mir

sehr	ganz gut	gar nicht

Kreuze an.

3. Hilfe zum Einprägen:

Wortrahmen

Wortrahmen

Schreibe ein schwieriges Wort groß und in Schönschrift auf. Zeichne dann um das Wort einen Rahmen und sieh dir deine Zeichnung gut an. Du wirst merken, dass sich die „Stockwerke" des Wortes ganz leicht einprägen, vor allem Buchstaben mit Oberlänge *b, h, ß* und mit Unterlänge *g, p*.

Aber auch Wörter, die nicht mit *h* oder *ß* geschrieben werden dürfen, kannst du dir durch Wortrahmen gut einprägen.

4 • Probiere die Wirkung eines Wortrahmens aus:

nirgends   probieren   riesig   Ziel

_____   _____   _____

| Vergiss auch beim Wortrahmen die *i*-Punkte und Umlautzeichen nicht. |

5 Wenn du einen Wortrahmen zeichnest und ein zweites Blatt mit Blaupapier unterlegst, erhältst du auf dem zweiten Blatt einen leeren Rahmen. Dort kannst du das Wort richtig eintragen.

• Versuche das einmal mit diesen Wörtern:

Eltern   fast   während   überhaupt

_____   _____   _____   _____

Mithilfe von Wortrahmen und ein bisschen Fantasie lassen sich Wörter als Bilder gestalten. Man kann sie sich so leicht einprägen.

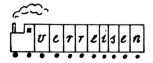

(wegfahren)

(etwas durch einen Riss kaputtmachen)

Ein kleiner Tipp:
Versuche selbst einmal,
einen Wortrahmen als Bild
zu gestalten.

Diese Hilfe gefällt mir

sehr	ganz gut	gar nicht

Kreuze an.

Ein 1. Trainingsabschnitt

Diese Merkhilfen kennst du schon:

▶ Markieren und Einkringeln
▶ Schriftproben machen
▶ Wortrahmen zeichnen

Nun sollst du sie nutzen, um
dir noch andere Wörter einzu-
prägen, die du oft schreiben
musst.

Häufig gebrauchte Wörter

man kann	links
überprüft	rechts
während	zuletzt
Verkehr	jetzt
abends	Erfolg
auf einmal	vollständig
zu Hause	gemeinsam
fordern	fertig

6 ● Prüfe, welche Wörter für dich schwierig zu schreiben sind.
  ● Wende die Einpräghilfe an, die dir am besten gefällt.

Zwei
kleine
Tipps
▶ Wähle für eine Übung
nur wenige Wörter aus
(3 oder 4).
▶ Viermal 15 Minuten kann
besser sein als einmal
60 Minuten.

z. B.

von

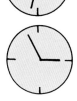

bis

4. Hilfe zum Einprägen

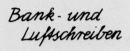

Vielleicht ist dir schon einmal aufgefallen, dass deine Hand beim Schreiben von ganz allein gestoppt hat, als du einen Fehler gemacht hast. Die Hand beherrscht manche Schreibungen fast automatisch und bemerkt sofort, wenn du etwas falsch geschrieben hast. Durch Schreiben mit dem Finger auf die Bank oder in die Luft kannst du vor allem die Bewegung beim Schreiben trainieren. Dabei prägst du dir die Schreibweise der Wörter ein. Bank- und Luftschreiben ist zum Einprägen aller schwierigen Wörter geeignet.

So wird es gemacht:

- Betrachte zunächst das Wort genau.

- Schließe die Augen. Buchstabiere das Wort.

- Schreibe es mit dem Finger auf die Bank und in die Luft.

- Verdecke nun die Vorlage und schreibe ins Heft.

- Kontrolliere.

7 Das sind Wörter mit Rechtschreibklippen, die du dir mit dieser Hilfe einprägen kannst:

allmählich   plötzlich   überhaupt
ständig   vorwärts   rückwärts

_____   _____   _____

_____   _____   _____

Gedächtnisstützen
Gar nicht wird gar nicht zusammengeschrieben.
ein + mal = einmal

Diese Hilfe gefällt mir

sehr	ganz gut	gar nicht

Kreuze an.

5. Hilfe zum Einprägen

Strichbilder zeichnen
Strichbilder zeichnen
/ιιιι / /ι//ιι ιιιι/ ιιι

Du kannst die Buchstaben eines Wortes durch Striche darstellen, z. B. h/ p/ e/. Dadurch entsteht von einem Wort ein Strichbild. Wenn du Strichbilder zeichnest, prägst du dir die Art der Buchstaben ganz gut ein.

Wörter mit und ohne *h* im Stamm, mit *b* oder *p*, *g* oder *k* eignen sich dazu besonders gut.

8 ● Schreib das erste Wort aus dem Kästchen mit den Beispielen ab.

● Zeichne das Strichbild des Wortes darunter. Präge es dir gut ein.

● Deck das Wort ab und verwandle das Strichbild wieder in das geschriebene Wort.

– das Wort in Schreibschrift: _____

– das Strichbild des Wortes: _____

– das Wort wieder in Schreibschrift: _____

Wähle selbst aus, welche Wörter du üben willst.	
Wörter ohne *h* im Stamm	Wörter mit *k* im Stamm
geboren	wirklich
die Waren	der Punkt
der Schal	der Zirkel
hören	kriegen
gehört	klug
holen	das Paket
schon	der Krieg
sparen	die Kanne
er war	das Werk

_____ _____ _____

_____ _____ _____

_____ _____ _____

Diese Hilfe gefällt mir

sehr	ganz gut	gar nicht

Kreuze an.

6. Hilfe zum Einprägen:

Worttreppe	*W*
Worttrepp	*Wo*
Worttrep	*Wor*
Worttre	*Wort*
Worttr	*Wortt*
Wortt	*Worttr*
Wort	*Worttre*
Wor	*Worttrep*
Wo	*Worttrepp*
W	*Worttreppe*

Durch eine Worttreppe prägst du dir die Reihenfolge der Buchstaben besonders gut ein. Du musst genau überlegen, welchen Buchstaben du weglassen bzw. hinzufügen musst, damit eine Worttreppe entsteht.

So kannst du vorgehen

- Schreib das Wort ab.
- Schreib es aus dem Gedächtnis darunter, und zwar so, dass auf jeder Zeile ein Buchstabe weniger steht.

9 • Deck die Worttreppe ab. Beginne nun mit dem ersten Buchstaben des Wortes und baue das Wort wieder auf, indem du auf jeder weiteren Zeile einen Buchstaben anfügst. Wenn du richtig arbeitest, müssen 2 gleich große Treppen entstehen.
Baue zu diesen Wörtern WORTTREPPEN:

bereits	b	gesamt	g	endlich	e	
bereit	..	gesam .	..	endlic .	..	

Eine 7. Hilfe zum Einprägen:

mehrmals schreiben
mehrmals schreiben
mehrmals schreiben

Schreib ein Wort so oft, bis du dir die Schreibung fest eingeprägt hast. Das ist die einfachste Merkhilfe.
Ob das wohl der Grund dafür ist, dass viele Kinder diese Hilfe nutzen? Was meinst du?

10 Das Wort Portmonee können auch viele Erwachsene nicht richtig schreiben. Wetten, dass du es kannst, nachdem du es 10- bis 15-mal geschrieben hast?
Probiere es aus.

11 ● Suche dir noch so ein schwieriges Wort zum Üben.

_____

_____

_____

Ein 2. Trainingsabschnitt

Diese Einpräghilfen hast du schon geübt:
▶ Markieren und Einkringeln
▶ Schriftproben machen
▶ Wortrahmen zeichnen
▶ Bank- und Luftschreiben
▶ Strichbilder zeichnen
▶ Worttreppe bauen
▶ mehrmals schreiben

Geh sie noch einmal durch.
Frag dabei auch:

Die 6. und die 7. Hilfe haben mir

sehr	ganz gut	gar nicht

gefallen.

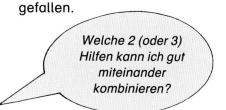

Welche 2 (oder 3) Hilfen kann ich gut miteinander kombinieren?

12 ● Lies die Wortliste. Welche Wörter hättest du möglicherweise falsch geschrieben?
● Übe diese Wörter. Nutze die Einpräghilfen, die dir am meisten zusagen.

Wörter mit _i_, _ie_ und anderen Schwierigkeiten

Biologie	Maschine	biologisch	schwierig
mithilfe	Schwierigkeit	Gebiete	Sieg
Erlebnis	immer wieder	ein bisschen	vier
ziemlich	anschließend	Hindernis	Abschied

Das gilt immer:
Wenn du ein Wort richtig schreiben willst,
musst du seine Bedeutung kennen.

Wenn du unsicher bist, wie ein Wort geschrieben wird, mach dir seine Bedeutung bewusst.
Wenn du sie nicht kennst, erkundige dich oder schlage im Wörterverzeichnis nach.

13 ● Schlag nach, was diese Wörter bedeuten.

Format   aktiv   Allee   funktionieren

Während du dir durch mehrfaches Schreiben alle möglichen schwierigen Wörter einprägen kannst, lassen sich die drei letzten Hilfen n i c h t für jedes Wort anwenden.

8. Hilfe zum Einprägen

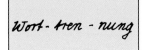

Manche helfen sich auch so: Sie zerlegen das Wort beim leisen Sprechen, so ähnlich wie bei der Silbentrennung. Dadurch prägen sie sich die Doppelschreibung von Buchstaben oder eine bestimmte Buchstabenfolge ein.

14 Was musst du beachten?

● Schreib das Wort richtig auf.
● Zerlege es beim leisen Sprechen in Silben.
● Sprich das Wort noch mehrmals leise und gedehnt.
● Schreib es aus dem Gedächtnis auf.

Appetit	_____	Ap-pe-tit	_____
Apparat	_____	_____	_____
Kartoffeln	_____	_____	_____
vielleicht	_____	_____	_____
selbstständig	_____	selbst	_____
empfehlen	_____	emp	_____
Empfänger	_____	_____	_____
Empfindung	_____	_____	_____

Diese Hilfe gefällt mir

sehr	ganz gut	gar nicht

Kreuze an.

9. Hilfe zum Einprägen

Lü enwörter ausfüllen
Lü enw ter ausfüllen
Lü ter ausfüllen
Lückenwörter ausfüllen

Diese Hilfe ist besonders geeignet, wenn du dir längere Wörter mit mehreren schwierigen Stellen einprägen willst.

15 Sie funktioniert so:
- Schreib das Wort richtig ab.
- Schreib es mehrmals untereinander und lass an den schwierigen Stellen Lücken.
- Fülle die Lücken aus, indem du mit einem Farbstift das ganze Wort nachschreibst.

> Temperatur
> Tem___ratur
> _____ratur
> _____ra___
> Temperatur

Weil du ganz bewusst die schwierigen Stellen mehrmals übst, prägst du dir die richtige Schreibung des Wortes leicht ein.

16 • Übe diese Wörter.

Reparatur	Mähdrescher	Industrie
Re_____	Mäh_____	____strie
__pa____	_____scher	In_____
_____tur	M_____	_____
_____	_____	_____

Übe hier selbstständig.

Republik	Familie	Apparat
_____	_____	_____
_____	_____	_____
_____	_____	_____
_____	_____	_____

10. Hilfe zum Einprägen:

> Reimwörter suchen,
> denn:
> Die Schreibung lässt sich auch erfassen durch Wörter, die sich reimen lassen.

Wenn du unsicher bist, wie ein Wort geschrieben wird, hilft es dir manchmal, wenn du nach einem Reimwort suchst, das du sicher schreiben kannst.

Beispiele:

reimen – leimen – keimen
er rennt – er kennt – er nennt
Gast – Mast – Hast – fast

17 Reime selbst. Kringle die Buchstaben ein, die sich reimen.

Masse	Hand	Liegen	Stütze
K _____	B _____	fl _____	M _____
G _____	W _____	b _____	Pf _____
R _____	Str _____	w _____	Gr _____

18 Weitere Reimpaare

Kohlen – F _____   wandeln – _____   reißen – _____

Lohn – S _____   sollen – _____   Witz – _____

Er kam schnell zurück – was für ein _____.

Bei komischen Sachen muss man meist _____.

Wer jagt gerne Spatzen? Die _____.

> Auch das ist ein Lerntipp
> Eine wichtige Voraussetzung für das Einprägen der Schreibung ist eine saubere, gut lesbare Schrift. Wer schmiert, übersieht leicht Fehler.

19 SCHERZGEDICHT

Einst fand ich einen **Keil**

und außerdem ein **Seil.**

Zum Glück war'n beide **heil.**

Mit einem scharfen **Beil**

zerlegte ich das **Seil**

und nahm mir einen **Teil,**

verband ihn mit dem **Keil**

und hatte einen **Pfeil.**

Ein Sprichwort

> Wer einmal lügt,
> dem glaubt
> man **nicht,**
> auch wenn er
> dann die Wahrheit
>
> _____ .

Diese Hilfe gefällt mir

sehr	ganz gut	gar nicht

Ein 3. Trainingsabschnitt

Das sind die 10 Hilfen zum Einprägen, die du geübt hast.

▶ Markieren und Einkringeln
▶ Schriftproben machen
▶ Wortrahmen zeichnen
▶ Bank- und Luftschreiben
▶ Strichbilder zeichnen

▶ Worttreppen bauen
▶ mehrmals schreiben
▶ Worttrennung
▶ Lückenwörter ausfüllen
▶ Reimwörter suchen

20

Gleich morgen besorgen

Für den Schuljahresanfang

Schreibhefte   Lineal
Rechenhefte   Schreibblöcke
Winkelmesser   Spitzer
Zeichenblock   Patronen
Umschläge   Füller
Hefter   Radiergummi
Millimeterpapier Bleistifte

Gleich morgen besorgen

● Lies den Merkzettel, den sich ein Schüler notiert hat. Kennzeichne die Wörter, bei deren Schreibung du noch unsicher bist.
● Übe diese Wörter. Nutze dazu die Einpräghilfen, die dir am besten gefallen.

Wenn du sicher bist, dass du alle Wörter beherrschst, dann schreibe sie auf dem zweiten Merkzettel auf.

Noch 2 Lerntipps
Stelle dir beim Lernen für das Schreiben ganz feste Ziele. Zum Beispiel: Diese 4 Wörter will ich nach 15 Minuten Übung sicher schreiben.

Überprüfe auch einmal, welche Wörter du am nächsten Tag noch richtig schreiben kannst.

Weitere Einpräghilfen

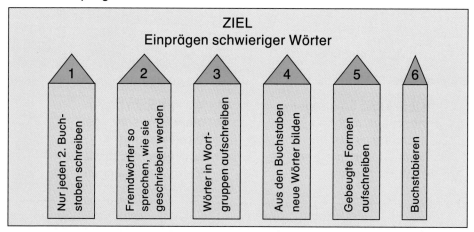

ZIEL
Einprägen schwieriger Wörter

1. Nur jeden 2. Buchstaben schreiben
2. Fremdwörter so sprechen, wie sie geschrieben werden
3. Wörter in Wortgruppen aufschreiben
4. Aus den Buchstaben neue Wörter bilden
5. Gebeugte Formen aufschreiben
6. Buchstabieren

W e g b e s c h r e i b u n g

Und hier einige Beispiele zu den Wegen des Einprägens

1. r$_u$s$_s$i$_s$c$_h$

2. Me|da|il|le   Port|mo|nee

3. ein beeindruckender Film, ein beeindruckendes Bild, …

4. glauben → Laub, Gabe, bauen

5. ich gewinne   die Republik
   du gewinnst   die Republiken

6. Die schwierige Stelle in Gedanken oder halblaut buchstabieren
   A rzt   r z t   r z t   r z t   …

Kennst du noch eine andere Einpräghilfe?
Frage auch einmal deine Eltern und Großeltern.
Sie haben meist ein paar gute Tipps.

Übrigens: Wenn in deinem Sprachbuch steht „Präge dir das Wort ein!",
dann kannst du alle diese Einpräghilfen nutzen.

Meinungen von Schülerinnen und Schülern zum Problem
„Rechtschreibung üben"

Hier einige Antworten als Anregung für euch.

Johanna S.
Ich übe gern im Partnerdiktat mit meiner
Freundin. Wir wetten dabei. Jeder nennt eine
Zahl für die Fehler, die der andere vielleicht
macht. Natürlich strengt sich jeder beim Diktat
an, dass er weniger Fehler hat. Dann hat er
nämlich die Wette gewonnen. Die letzten
beiden Wetten habe ich gewonnen.

Britta W.
Ich sammle die Wörter, die ich bei Diktaten
und Übungsdiktaten falsch geschrieben habe.
Meist übe ich eine Viertelstunde am Tag mit
3 Wörtern. Ich schreibe sie in Wortgruppen
mehrmals auf. Das hat mir meine Mutti beige-
bracht.

*Wie hättest du dich
an der Diskussion
beteiligt?*

Benjamin K.
Ich habe einen Wörterkasten. Darin habe ich
viele Zettel. Auf jedem steht ein Wort. Wenn
ich Zeit habe, ziehe ich 3 Zettel und übe die
Wörter. Meistens schreibe ich sie mit dicken und dünnen Filzstiften gleich
auf die Rückseite. Aber ich baue sie auch gern zu anderen Wörtern um.
Wenn ich die drei Wörter wirklich richtig schreiben kann, nehme ich sie aus
dem Kasten raus. Manchmal übt auch meine Mutti mit mir.

Sandra B.

Für mich ist es am besten, wenn ich meine schwierigen Wörter groß auf Zettel schreibe. Die hänge ich dann als Pinnen über meinen Arbeitsplatz. Wenn ich dort sitze, sehe ich die Wörter immer vor mir. Ich glaube, dadurch präge ich sie mir am leichtesten ein. Ganz schwere Wörter übe ich auch. Ich buchstabiere sie mehrmals vor mich hin und schreibe sie dann mehrmals auf. Ich habe es auch schon mit Lückenwörtern versucht.

Ein weiterer Trainingsabschnitt:
Schreibung von Monatsnamen und Wochentagen üben

Ein selbst gefertigter K a l e n d e r mit Bildern, Fotos oder Zeichnungen ist ein Weihnachtsgeschenk, das nicht viel kostet und über das sich Eltern oder Großeltern freuen.

1	2
Januar	_____
Februar	_____
März	_____
April	_____
Mai	_____
Juni	_____
Juli	_____
August	_____
September	_____
Oktober	_____
November	_____
Dezember	_____

So könnte eine Kalenderseite aussehen:

- Decke die 1. Spalte ab. Trage in die 2. Spalte die Monatsnamen ein.
- Vergleiche mit der 1. Spalte und überprüfe, ob du richtig geschrieben hast.

60

- Übe die Monatsnamen, die du falsch geschrieben hast. Übe so, wie du möchtest.
  Du kannst auch eine Einpräghilfe von Seite 46–58 ausprobieren.
- Probiere hier eine andere Gestaltungsmöglichkeit für ein Kalenderblatt aus.

- Übe auch die Schreibung der Wochentage.

Montag	_____
Dienstag	_____
Mittwoch	_____
Donnerstag	_____
Freitag	_____
Sonnabend	_____
(Samstag)	_____
Sonntag	_____

4. Übungsteil:
Probieren und Entscheiden

Schreibe ich groß oder klein?

Artikelprobe

Für das Schreibproblem „groß oder klein?" gibt es eine sichere Hilfe:

       die ARTIKELPROBE.

Es ist ganz einfach:
► Nur Substantive werden großgeschrieben.

► Alle Substantive haben einen Artikel: *der, die, das, ein, eine, ein.*

Folglich:
► Ein Wort, das einen Artikel hat, wird großgeschrieben.

der Beweis	die Hilfe	das Programm
ein Ratschlag	eine Frage	ein Kind

Die Groß- und Kleinschreibung eines Wortes mithilfe der Artikelprobe trainieren

Überlege:

Welche Wörter haben einen Artikel und werden deshalb großgeschrieben?

1 ● Arbeite wie im 1. Beispiel.

die F̷reude	____ liebe	____ zufrieden
____ trauer	____ mitleid	____ glück
____ glücklich	____ ärger	____ schmerz

Wie heißt das Wort, das für alle Substantive in Übung 1 eine Überschrift (ein Oberbegriff) sein kann?
die Ge _____

2 Trainiere
die Denkschritte:

Hat das Wort einen Artikel?

Wenn ja, dann groß.
Wenn nein, dann klein.

● Markiere die Wörter, die einen Artikel haben und deshalb mit großem Anfangsbuchstaben zu schreiben sind.

HOCHSPRUNG	JEANS	GEWISSENHAFTIGKEIT
LANGLAUF	PULLOVER	GUTMÜTIG
TRAINING	MODERN	HUMOR
AUSDAUER	T-SHIRT	KAMERADSCHAFTLICH

EINBRÜCHE	WOLKIG	SCHAUSPIELER
TÄTER	REGENSCHAUER	ZUSCHAUER
KOMMISSAR	ERWÄRMUNG	VERGNÜGLICH
KOMBINIERT	ABKÜHLUNG	BÜHNE

● Zu jeder Wortgruppe gibt es eine Überschrift (einen Oberbegriff). Kennst du sie? Trage sie ein.

3 Wie heißt das Gegenteil?

● Arbeite wie im 1. Beispiel.
● Schreibe stets den Artikel mit auf. Achte auf die Großschreibung.

DIE ABFAHRT – die Ankunft

DER MORGEN – __ _____

DER ABSENDER – __ _____

DIE FRAGE – __ _____

DIE FAULHEIT – __ _____

DER ERNST – __ _____

4 Substantive – andere Wörter

- Welche Wörter gehören n i c h t in die einzelnen Kästchen? Markiere sie.
- Mach die Artikelprobe, wenn du unsicher bist.

Substantive	Andere Wörter
KENNTNISSE	GEHT
KEINE	DREIMAL
KLUGHEIT	REGEL
NACHRICHTEN	ALLE
RUHM	JEDER
EHRLICHKEIT	SPURLOS
ERFAHRUNG	FREUNDLICH
ERZIEHUNG	AUSNAHME
OHNE	VERSTANDEN
VERWANDTE	NÜTZLICH

- Wenn du die Aufgabe richtig gelöst hast, dann ergibt sich aus den markierten Wörtern ein Sprichwort, das leider auch auf die Rechtschreibung zutrifft. Schreibe das Sprichwort in Schreibschrift auf.

5 Eine Wortfamilie – mit großgeschriebenen und kleingeschriebenen Verwandten

LIEBE   VERLIEBT   LIEBLING   LIEBLICH   LIEBEVOLL   TIERLIEBE

- Trag die Wörter in Schreibschrift in das „Familienbild" ein.
- Mach die Artikelprobe.

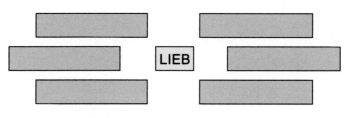

= Kleinschreibung!   = Großschreibung!

6

Das alles sind Artikel und ihre gebeugten Formen:		
der	die	das
des	dem	den
ein	eine	eines
einem	einer	einen

● Welche Artikel gehören zu den dick gedruckten Substantiven? Markiere die Artikel.

Ein **Tierforscher** schrieb in seinem Buch „Hunde, Katzen und so weiter" über das **Verhalten** der **Krähe.** Er nennt diesen Vogel das **Genie** unter den **Vögeln.** Er schreibt: „Gelingt es ihnen nicht, eine **Muschel** zu zerhacken, steigen sie auf und lassen die **Muschel** auf das harte **Straßenpflaster** fallen. Auch den **Flughafen** von Taschkent haben sie einmal als Nussknacker benutzt. In den frühen **Morgenstunden** bombardierte ein **Krähengeschwader** die **Piste** mit Walnüssen aus den benachbarten **Gärten.** Krähen können die **Eigenschaften** des **Bodens** recht gut einschätzen."

Das musst du bei der Artikelprobe beachten:

▶ Oftmals steht der Artikel nicht direkt vor seinem Substantiv. Zwischen Artikel und Substantiv können andere Wörter eingeschoben sein:

die Jeans
die neuen Jeans
die neuen modischen Jeans
die neuen modischen und praktischen Jeans

7 Nanu! Was ist denn hier passiert?

DIE BESICHTIGUNGDERLETZTEN BEIDENRÄUMEISTLEIDERNICHTMÖGLICH

Suche und markiere Substantive und ihre Artikel. Schreibe den Hinweis hier gut lesbar und richtig auf. (Substantive groß!)

Mit unserer Schrift war es so:

Vor etwa 1000 Jahren	Vor etwa 500 Jahren	Vor etwa 300 Jahren
wurden alle Wörter kleingeschrieben.	wurden Satzanfänge und Personennamen großgeschrieben.	wurden dann **alle** Substantive am Wortanfang mit Großbuchstaben geschrieben.

8

Artikel gesucht
- Markiere den Artikel, der zu dem dick gedruckten Substantiv gehört.

In einem **Gespräch** hatte der Gärtner ihn gewarnt. Er hatte ihm abgeraten, auf den reifen **Pfirsichbaum** zu steigen. Aber der übermütige **Bursche** kletterte doch hinauf. Der erste **Pfirsich** schmeckte ausgezeichnet. Doch kaum hatte er nach der nächsten **Frucht** gegriffen, da geschah es: Er spürte einen fürchterlichen schmerzenden Stich im Mittelfinger.

9 HIER IST ES KNIFFLIG!
- Markiere das Substantiv, das zu dem eingerahmten Artikel gehört.
- Arbeite so, wie es dir das 1. Beispiel zeigt.

… kam │ die │ freundliche alte <u>Dame</u> aus dem Nachbarhaus.

… schleppte │ einen │ viel zu großen Sack mit Mehl hinter sich her.

… ist │ ein │ leuchtend blaues Blümchen im Vorgarten.

… hat │ einen │ großen, bissigen Schäferhund im Hof.

… gehört zu │ den │ unter Naturschutz stehenden Eulen.

Wenn du nicht weißt, ob du ein Wort groß- oder kleinschreiben sollst, dann überlege:

▶ Gehört zu dem Wort ein Artikel im Satz? (Steht ein Artikel da?) Wenn ja, dann groß.

Wenn kein Artikel dasteht:
▶ Kann ich – in Gedanken – einen Artikel vor das Wort setzen? Wenn ja, dann groß.

Ein Beispiel:

Es zogen *g oder G* ewitter auf.

Du kannst hier – in Gedanken – sagen *die Gewitter*, also wird *Gewitter* großgeschrieben.

10 Übe die Artikelprobe.
- Frage dich bei jedem dick gedruckten Wort:

> *Gehört zu dem Wort ein Artikel im Satz oder kann ich in Gedanken einen Artikel vor das Wort setzen?*

- Wenn die Antwort „ja" ist, dann korrigiere den Anfangsbuchstaben wie im 1. Beispiel.

Ein ᴳ**g**eizhals wollte seine **tür** reparieren und schickte seinen **sohn** zum **nachbarn**, um ein **beil** zu holen. Das Kind kam ohne das **beil** zurück.
Der **nachbar** hatte ihm gesagt, er habe keins.
„So ein **geizkragen**", entrüstete sich der **vater**.
„Geh in den **keller** und hole unseres."

11 Welche Wörter müssen großgeschrieben werden?

> *Kann ich – in Gedanken – einen Artikel vor das Wort stellen?*

- Überlege:

- Korrigiere die Anfangsbuchstaben wie im 1. Beispiel.

Alles Sprichwörter

Ohne ᶠ**F**leiß kein preis. Lügen haben kurze beine.
Ohne saat keine ernte. Keine rose ohne dornen.
Gutes werkzeug – halbe arbeit.

12 Groß oder klein? Entscheide mithilfe der Artikelprobe.

> *Gehört zu dem Wort ein Artikel im Satz oder kann ich – in Gedanken – einen Artikel vor das Wort setzen?*

- Frage dich:

- Setze die Wörter in den Klammern wie im 1. Beispiel in den Text ein.

Einiges vom Fliegenpilz

Bis in den November (NOVEMBER) hinein erfreut uns der Fliegenpilz

in den _____ (WÄLDERN) durch die leuchtend rote _____

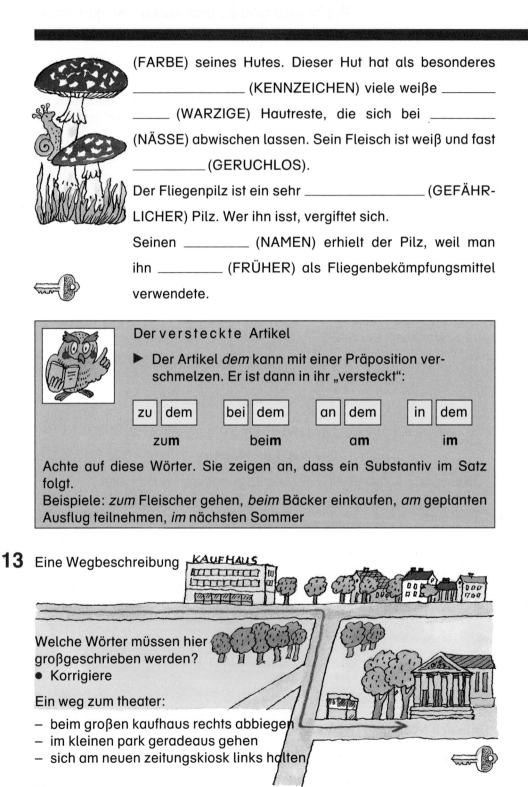

(FARBE) seines Hutes. Dieser Hut hat als besonderes

_____ (KENNZEICHEN) viele weiße _____

_____ (WARZIGE) Hautreste, die sich bei _____

(NÄSSE) abwischen lassen. Sein Fleisch ist weiß und fast

_____ (GERUCHLOS).

Der Fliegenpilz ist ein sehr _____ (GEFÄHR-

LICHER) Pilz. Wer ihn isst, vergiftet sich.

Seinen _____ (NAMEN) erhielt der Pilz, weil man

ihn _____ (FRÜHER) als Fliegenbekämpfungsmittel

verwendete.

Der versteckte Artikel

▶ Der Artikel *dem* kann mit einer Präposition ver-
schmelzen. Er ist dann in ihr „versteckt":

zu	dem		bei	dem		an	dem		in	dem
zum			**beim**			**am**			**im**	

Achte auf diese Wörter. Sie zeigen an, dass ein Substantiv im Satz
folgt.
Beispiele: *zum* Fleischer gehen, *beim* Bäcker einkaufen, *am* geplanten
Ausflug teilnehmen, *im* nächsten Sommer

---

13 Eine Wegbeschreibung

Welche Wörter müssen hier
großgeschrieben werden?
● Korrigiere

Ein weg zum theater:

– beim großen kaufhaus rechts abbiegen
– im kleinen park geradeaus gehen
– sich am neuen zeitungskiosk links halten

Adressen schreiben

In Kinderzeitschriften gibt es diese Spalte:

Leserpost
für □ euch
Briefwechsel
erwünscht

Sandra Lauber (13) Berg-
straße 3, 38835 Suderode
(Musik, Briefe)

Antje Hartmann (14)
Moritzstraße 4,
37581 Bad Gandersheim
(Literatur, Mode)

Daniela Heyne (11) Erfurter
Straße 24, 07743 Jena
(Sport, Briefmarken)

● Wähle eine Adresse aus und schreibe sie nach dem Muster.

(Absender:
deine Anschrift)

Schülerin
Vorname Familienname
Straße Hausnummer
PLZ Ort

—————————
—————————
—————————

—————————
—————————
—————————
—————————

14 ● Forme die Telegramm-Sätze so um, wie du sie in einem Brief schreiben würdest.
● Welche Wörter musst du großschreiben? Mach die Artikelprobe.

Sätze im Telegramm	Sätze im Brief
(1) KOMME ERST NÄCHS-TEN SONNTAG	*Ich werde erst nächsten Sonntag kommen.*
(2) IST ANREISE IN JUGEND-HERBERGE MÖGLICH?	_____
(3) VATI HATTE UNFALL, KÖNNEN NICHT KOM-MEN	_____

15 Für das Kurzdiktat hätte Tobias eine Eins bekommen, wenn er am Ende noch einmal die Artikelprobe gemacht hätte:

● Welchen Fehler hat Tobias gemacht? Berichtige.

> *Kurzdiktat*
>
> *Tobias Kramer*
> *Klasse 5a*
>
> *Unsere Schülerlotsen erhielten eine verdiente Auszeichnung. Sie halfen den Schulanfängern an jedem Schultag über die Straßenkreuzung vor unserer Schule. Sie überprüften auch die Fahrräder von Mitschülern auf Verkehrssicherheit.*

Im Brief / Auf der Karte

Erfurt, 7. 7. 19. .

Anrede: Liebe Susanne!
       Lieber Sven!
       (Ihr Lieben!)

_____

_____

Gruß / Unterschrift: Viele Grüße
                (Herzliche Grüße)
                (Es grüßt dich herzlich)
                (Es grüßt euch herzlich)
                dein (euer) René

16 Sprüche im Poesiealbum

Viele Schüler haben ein Poesiealbum. Wenn du in solch ein Album etwas einträgst, dann achte darauf, dass alles richtig geschrieben ist. Denke daran, dass andere deine Eintragung lesen, auch viele Jahre später noch.

● Welche Fehler wurden hier gemacht? (Du findest sie leicht, wenn du die Groß- und Kleinschreibung unter die Lupe nimmst und die Artikelprobe machst.)

Wer stets durch eine
rosarote Brille guckt,
dem wird es eines Bösen tages
schwarz vor Augen werden.

Wer dir von den Fehlern
anderer erzählt,
wird auch anderen
von deinen fehlern erzählen.

Glück entsteht oft durch aufmerksamkeit
in kleinen Dingen,
Unglück oft durch vernachlässigung
kleiner Dinge.

Einer neuen wahrheit
ist nichts schädlicher
als ein alter Irrtum.

J. W. Goethe

Urteile von einem Menschen lieber nach
seinen handlungen als nach seinen Worten,
denn viele handeln schlecht und sprechen vortrefflich.

● Welcher Spruch gefällt dir besonders gut?

17 Sprichwörtersalat

VERBOTENE FRÜCHTE VERDERBEN GUTE SITTEN.
SCHLECHTE BEISPIELE SCHMECKEN AM SÜSSESTEN.

● Wie heißen die beiden Sprichwörter richtig? Schreibe sie in
Schreibschrift auf. Achte dabei auf die Groß- und Kleinschreibung.

18

Was ist ein fliegender Hund?
Das kannst du hier erfahren, wenn
du in die Lücken den passenden
Buchstaben einsetzt. Überlege, ob du
ihn groß- oder kleinschreiben musst.

Der . liegende Hund trägt den
. amen wegen seiner . opfform. Er
lebt in . ropischen . ebieten (nicht in
Amerika). Am . age hängt er mit
dem . opf abwärts in den . äumen der . älder. Während der . ämmerung
fliegt er auf . ahrungssuche. Er frisst . rüchte und . nsekten. Die . rößten
fliegenden Hunde gibt es in Ostindien. Sie können eine . örperlänge bis zu
30 cm und eine . pannweite bis 1,50 m erreichen.

● Kontrolliere noch einmal, ob du richtig gearbeitet hast.

Frage dich:

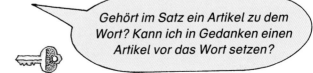

*Gehört im Satz ein Artikel zu dem
Wort? Kann ich in Gedanken einen
Artikel vor das Wort setzen?*

Du bist jetzt der Lehrer.
Welche Formzensur würdest du geben?

> Der Feuersalamander
> ist überall in Europa zu finden.
> Er liebt feuchte Täler und dunkle
> Wälder. Tagsüber versteckt er sich
> unter Wurzeln, Steinen und Blät-
> tern. Nach dem Regen sucht er
> seine Nahrung: Schnecken, Kerb-
> tiere und Würmer.

> Der Feuersalamander
> ist überall in Europa zu finden. Er
> liebt feuchte Täler und dunkle Wälder.
> Tagsüber versteckt er viele unter
> Wurzeln, Steinen und Blättern. Nach
> dem Regen sucht er seine Nah-
> rung: Schnecken, Kerbtiere
> und Würmer

Form: Form:

Verwandtschaftsprobe

Schreibe ich
Fahrt oder *Fart*?

Oft kommst du zur richtigen Schreibung eines Wortes,
wenn du ein verwandtes Wort suchst, das du schon
sicher schreiben kannst.
Da der Wortstamm bei allen Verwandten einer Wortfamilie gleich geschrieben wird, weißt du auch, wie das
Wort zu schreiben ist.

Die richtige Schreibung eines Wortes mithilfe der
Verwandtschaftsprobe erschließen.

1 Das Wort *Erzieher* ist verwandt mit dem Verb *ziehen*.
Zur Wortfamilie gehören auch:

erziehen   Erziehung   Beziehung
verziehen   ausziehen   wegziehen

_____   _____   _____

Probieren und Entscheiden · Verwandtschaftsprobe

- Markiere in allen Beispielen den Wortstamm.
- Ergänze noch drei weitere verwandte Wörter der *ZIEH*-Familie.

2 verwandt sein mit ...

- Übe die Schreibung des Wortes *verwandt*.

| VER | WANDT | – _____ |
| VER | WANDT | SCHAFT | – die _____ |

verwandt   *Verwan___schaft*

verwand   und *Verwan___er*

verwan   sind *Verwan___e*

verwa   von *verwan___* .

verw

_____

3 Conni überlegt so:

> *Ich weiß, wie der Wortstamm von DECKE geschrieben wird, nämlich deck. Also kann ich viele andere Wörter mit deck schreiben.*

Hat Conni Recht?
Welche anderen Wörter meint sie?
Schreibe einige auf.

_____   _____

| deck | | Deckel |

_____ bett

| bedecken |

_____

_____

4 In jede Wortfamilie hat sich ein schwarzes Schaf eingeschlichen, das nicht dazugehört. Hast du es schon entdeckt?

73

- Streiche das nicht zur Wortfamilie gehörende Wort durch.

belehren	Sommerkleid	Dank
Lehrer	Kleidung	danken
Lehrling	Bekleidung	bedanken
gelehrt	Gleitschuh	verdanken
Lehrgeld	Kinderkleid	dankbar
Lehrzeit	kleidsam	Tankstelle
verlernen	ankleiden	Danksagung

5 • Nimm an, du bist unsicher, ob *der Herrscher* mit *r* oder *rr* geschrieben wird.

Frage dich:

> Welches verwandte Wort kann ich richtig schreiben?

Antwort: *der Herr* , also auch: *der Herrscher*

6 Übe die Verwandtschaftsprobe.

Die unterstrichenen Wortteile sind beim Schreiben oft „Stolperstellen". Frage dich bei solchen Stellen:

> Welches verwandte Wort kann ich richtig schreiben?

Gehe so vor wie im 1. Beispiel.

völlig   Antwort: voll, also → völlig

> Welches verwandte Wort kann ich richtig schreiben?

Stehlampe   Antwort: st_____ also → St _____

Eisglätte   Antwort: _____ also → Eis _____

Erkenntnis   Antwort: _____ also → Er_____nis

7 Wähle unten das richtige verwandte Wort aus und sichere dadurch die Schreibung.

die Beka ⟨n / nn⟩ te   verwandtes Wort: *kennen 5* , also _____

das Hin ⟨d / t⟩ ernis   , also _____

das Hin 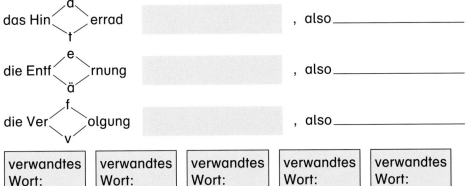 d/t errad ⬜ , also _____

die Entf e/ä rnung ⬜ , also _____

die Ver f/v olgung ⬜ , also _____

verwandtes Wort: *fern* 1	verwandtes Wort: *folgen* 2	verwandtes Wort: *hindern* 3	verwandtes Wort: *hinten* 4	verwandtes Wort: *kennen* 5

 Die Verwandtschaftsprobe hilft dir auch, wenn du nicht sicher bist, ob ein Wort mit *ä* oder *e* geschrieben wird.

J ä/e ger

jagen,
also: *Jäger*

● Hier sind 12 Wörter mit *ä* versteckt. Markiere sie.

B E S C H R Ä G L I S P A B W Ä R T S H U X Ä H R E L T B Ä R M
K Ä F I G O T R Ä N E P M I S C H L Ä R M W I E K Ä S E Z A N
I K Ä F E R L U R I W Ä H R E N D N E L Ä H N L I C H B L O
O P M U V U N G E F Ä H R L I C H V O M C T E S K

● Der Brückenstreich

Max und Moritz, gar nicht träge,
sägen heimlich mit der Säge
ritzeratze in die Brücke
eine Lücke voller Tücke.

Auch hier gibt es
3 Wörter mit *ä*.
Markiere sie.

8 In allen Gruppen steckt ein verwandtes Verb mit *a*. Welches?

der Bäcker	lächeln	schädlich
die Bäckerei	lächerlich	schädigen
das Gebäck	das Gelächter	beschädigen
		die Beschädigung

verwandtes Verb: _____	verwandtes Verb: _____	verwandtes Verb: _____

Du kannst dich beim Schreiben so fragen:

Wovon kommt das Wort?

oder so:

Kenne ich ein verwandtes Wort mit a̲?

9 Überlege und entscheide.

er fährt weg — kommt von *wegfahren*, also mit *ä*

sie w__scht ab — kommt von _____, also mit _____

du f__llst hin — kommt von _____, also mit _____

er bl__st auf — kommt von _____, also mit _____

Aber: er erk__nnt — kommt von _____, also mit _____

10 Denke beim Schreiben an ein verwandtes Wort.

erklären ist verwandt mit _____, also *erklären*

t ? glich ist verwandt mit _____, also _____

kr ? ftig ist verwandt mit _____, also _____

gef ? hrlich ist verwandt mit _____, also _____

leb ? ndig ist verwandt mit _____, also _____

11 Eine Gedächtnisstütze

- Frage dich hier, wie das Wort in der Einzahl heißt. Ergänze dann die Mehrzahlform.
- Gehe auch bei den Zusammensetzungen so vor.

ran

die F☐cher   – das _____

die Pl☐ne   – der _____

die H☐nde   – die _____

die B☐che   – der _____

die B☐cher   – der _____

die Maßst☐be   – der _____

die Arbeitspl☐tze – der _____

die Gegenst☐nde   – der _____

die Meeresw☐llen – die _____

12 ä oder e ?

ver☐ndert
sch☐rfer
schw☐cher   (ä)
l☐nglich
Mähdr☐scher
h☐rrlich   (e)
er d☐nkt

● Entscheide mithilfe der Verwandtschaftsprobe und ziehe einfach Striche.

13 ● Hier sind 2 schwarze Schafe aufzuspüren, die nicht zur *FALL*-Familie
gehören. Welche sind es?

Zuf☐lle   *Alles*   Einf☐lle
Katzenf☐lle   *Fälle?*   Rückf☐lle
Vorf☐lle   Sonderf☐lle
Unglücksf☐lle   Unf☐lle

Bärenf☐lle

Eine Wörterschlange mit │ -wärts │ Trenne alle Wörter durch einen
Strich.

14 *Retsel*
      oder
        Rätsel?

- Mach die Verwandtschaftsprobe.
- Markiere das richtige Wort.
- Lies und löse das R tsel.

Er ist aus Stahl,
jedoch nicht schwer,
und schlägst du drauf,
verschwindet er;
doch trifft man ihn
nicht ganz genau,
dann wird ein anderer
davon blau.

Gottfried Herold

 Die Verwandtschaftsprobe lässt sich auch zur Unterscheidung von Wörtern mit *äu* und *eu* anwenden. Sie funktioniert genau so wie bei *ä – e*.

15 Frage hier:

Welches verwandte Verb kenne ich?

Käufer	kommt von	*kaufen.*
Läufer	kommt von	_____
R ber	kommt von	_____
S gling	kommt von	_____
Geb de	kommt von	_____

16

Mehrzahl	Einzahl
die Kr___ter	das _____
die Tr___me	der _____
die Schl___che	der _____
die Kaufh___ser	das _____
die B___len	die _____
die Sch___nen	die _____

Beachte! In der Mehrzahl wird nur dann *äu* geschrieben, wenn in der Einzahl *au* vorkommt.

17 Dieser Vers stand in Omas Sprachbuch:

„Wenn es heute Häute regnet, wird das Leder billig."

Was ist damit gemeint?

eu oder *äu*?

Zwei Reimwörter (Substantive) sind von verwandten Wörtern mit *au* abgeleitet, zwei nicht.

B _____

H _____

M _____ te

Br _____

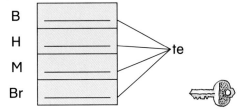

18

Welches verwandte Verb kenne ich?

Diese und unzählige andere Gegenstände werden in einer Tageszeitung zum Verkauf angeboten. Aber beim Druck gab es einige Pannen.

- Ergänze die fehlenden Buchstaben.
- Mach die Verwandtschaftsprobe.

Verkäufe

Gut erhaltenes Kla__fahrrad

Kassettenrekorder, neuestes Fabrikat

Tennisschl__ger, unbenutzt

Fotoapparat mit viel Zubehör

Neuwertige Sto__uhr

Abfa__tsskischuhe, Größe 25

Radiowe__er, preiswert zu verkaufen

Wenn du kein verwandtes Wort kennst oder schreiben kannst,

▶ dann schlag im Wörterverzeichnis nach
▶ oder frag einen sicheren Rechtschreiber.

! Auch das ist eine Rechtschreibhilfe:

Wenn du einmal gar nicht weißt, wie ein Wort geschrieben wird, dann wähle ein anderes Wort, das in der Bedeutung auch passt und von dem du weißt, wie es geschrieben wird.

19 Aufmerksame Leser gesucht!

Hier war der Dreckfehlerteufel am Werk. Korrigiere!

Vermiese Ferienwohnung von Mai bis September in …	Unfall an der Schilfsanlegestelle

Riesentaustelle im Atlantik	Furchtbares Land vom Regen wegespült

20 Deine Banknachbarin ist sehr traurig. Sie hat heute ihr Geldtäschchen verloren, wahrscheinlich während der Hofpause. Nun will sie an der Schultür eine Verlustanzeige anbringen. Aber die enthält 2 schlimme Rechtschreibfehler.

- Was hat deine Banknachbarin falsch geschrieben?
- Wie würdest du ihr mithilfe der Verwandtschaftsprobe die Schreibung erklären?
- Schreibe beide Wörter richtig auf.

Verloren !
Kleines weinrotes Geldtäschchen mit Essenmarken und 5.50 Mark heute Morgen auf dem Schulhof verloren.
Der erliche Fiender wird um Rückgabe gebeten

Marion Wilsch, 5a

verwandtes Wort?

21 Schreibe selbst eine Verlustanzeige. Nimm an, du hast nach dem Training am 15. 1. deine neuen blauen Laufschuhe im Umkleideraum der Sporthalle vergessen. Als du sie am nächsten Tag holen wolltest, waren sie weg. Sie wurden auch nicht beim Hallenwart abgegeben.

Welche Überschrift würdest du der Verlustanzeige geben?

– Verloren
– Ehrlicher Finder gesucht
– Laufschuhe verloren

– Wer ist der ehrliche Finder?
– An den ehrlichen Sportler
– Bitte um Rückgabe meines
  Weihnachtsgeschenks

22 2 Fehler sind zu finden

Stell dir vor, du hast in der Schule dieses Übungsdiktat geschrieben.
Deine Lehrerin hat dir einige Wörter mit *ä* und *e* unterstrichen, die du in
Ruhe noch einmal überprüfen sollst.

● Frage bei jedem Beispiel:
  Dann findest du die 2 Fehler.

Welches verwandte Wort kenne ich?

> Im Winter werden in den riesigen Wäldern Sibiriens unzählige Bäume gefällt. Man schleppt die Stämme zu den Bächen und Flüssen. Wenn das Eis bricht, schwimmen sie abwärts zu den Sägewerken. Viele Tage und Nächte müssen dann die Männer hart arbeiten. An scharfen Biegungen und Stromschnellen ist es häufig sehr gefährlich.

● Berichtige hier so: 1. _____

2. _____

23 Markieren hilft beim Einprägen

● Markiere in allen Wörtern den vorgegebenen Buchstaben.

ä: März, Mädchen, Märchen, Geschäft, Lärm, einprägen
e: es brennt, sie schenkt, es schmerzt, du merkst, es klebt, du kennst,
  du rennst
eu: Beule, Feuer, Kreuz, Scheune, Freude, Freunde, heute

24 Alles Wörter mit *ä*

Trenne alle Wörter
mit einem Strich.
Schreibe sie
alphabetisch
geordnet auf.

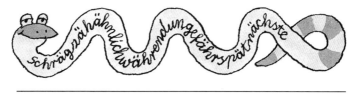

_____

_____

A B C D E F G H I J K L M N O P Q R S T U V W X Y Z

Verlängerungsprobe

Schreibe ich
Abend oder Abent?

Wenn du nicht sicher bist, ob du am Wortende
  d oder *t*
  b oder *p*
  g oder *k*

schreiben musst, dann kannst du dir helfen: Du verlängerst das Wort
in Gedanken. In der verlängerten Form erkennst du besser, wie es
richtig geschrieben wird.
Wörter kannst du verlängern, indem du – die Mehrzahl,
                                        – die Nennform oder
                                        – die Mehrstufe bildest.

Zum Beispiel: *Aben?*   *Wie heißt*   Antwort: *Abende,*
Du fragst dich: *die Mehrzahl?*   also: *der Abend*

Mithilfe der Verlängerungsprobe über die Schreibung
am Wortende entscheiden

1. Verlängern durch Bilden der Mehrzahl

Wie heißt
die Mehrzahl?

1 ● Bilde in Gedanken die Mehrzahl.
   ● Ziehe dann einfach Striche zum richtigen Buchstaben.

der Pflu?	*b*	der Urlau?
das Klei?	*d*	der Unterschie?
der Stau?	*g*	der Krie?

2 Mache es hier so:

● Bilde die Mehrzahl und entscheide dadurch über die richtige
  Schreibung am Wortende.

	Einzahl	**Mehrzahl**
	das Sie▮	_____
b oder *p?*	der Lum▮	_____
	das Kal▮	_____

d oder *t*?   das Gel _____

das Gehal _____

der Ber _____

g oder *k*?   die Bur _____

das Wer _____

3 *Bil ? hauer* – Verlängern hilft auch bei zusammengesetzten Wörtern

Mach in Gedanken die Verlängerungsprobe.	Wan lampe	Krau salat
	Kor stuhl	Grun lage
	Aben brot	Bur anlage
	Mitta essen	Wan leuchte

4 *g* und *k*

das Ber wer

das Wer zeu

der Wer zeu schran

das Flu zeu

die Wer ban

Nutze die Verlängerungsprobe.
Frage bei den Wortteilen stets:

Wie heißt die Mehrzahl?

2. Verlängern durch Bilden der Nennform

5 Verlängere hier so:
- Bilde zuerst die Nennform und schreibe sie auf. Ergänze dann den fehlenden Buchstaben in der gebeugten Verbform.

d oder *t*?

Schwester Uta *verband* [*verbinden*] die Wunde.

Er *belu* [_____] den Anhänger.

Wer *erfan* [_____] das Telefon?

Vater *berie* [_____] sich mit uns.

Matthias *erhäl* [_____] sein Geld.

6
- Bilde zuerst die Nennform und schreibe sie auf.
- Entscheide dann, ob du *b* oder *p*, *g* oder *k* in die gebeugte Form einsetzen musst.

b oder *p*? er *he*⬛ *t* – kommt von _____

sie *kle*⬛ *t* – kommt von _____

er *hu*⬛ *t* – kommt von _____

sie *lo*⬛ *t* – kommt von _____

g oder *k*? er *sin*⬛ *t* gut – kommt von _____

es *versin*⬛ *t* schnell – kommt von _____

3. Verlängern durch Steigerung

7 • Verlängere zuerst die Adjektive, indem du die Mehrstufe bildest.
Entscheide dann, welchen Buchstaben du einsetzen musst:

derb – derber   *b* oder *p*?   trü⬛ – _____

lang – länger   *d* oder *t*?   kal⬛ – _____

stark – stärker   wüten⬛ – _____

fremd – fremder   *g* oder *k*?   jun⬛ – _____

8 ZETTELPOST IN DER FAMILIE

Die Verlängerungsprobe hilft, die fehlenden Endbuchstaben richtig zu ergänzen.

Liebe Grid! Wir hatten heute
eher Schulschluss und sind sofort ins Ostba gefahren. Bitte
besor du das Aben br
    Thomas

LIEBE MUTTI!
Unser Lauftraining findet
heute im Waldpar statt.
Ich komme erst gegen Aben
      Michaela

Liebe Mutti!
Ich bin mit Christi Ra fahron. Wir bringen
auf dem Heimwe von Fischers den Kor
Pflaumen mit.
      Dein Tobi

9 Häufig verwendete Wörter

- Verlängere in Gedanken und ergänze dann den Endbuchstaben.

	run▪	gesun▪		Gel▪
	jeman▪		nieman▪	
	tausen▪			hunder▪
	kran▪		Betrie▪	

10 Hier sind 9 Wörter mit *d* versteckt.

- Suche und markiere sie.
- Du kannst sie dir auch darunter notieren.

X I F E I N D P Y Q G R U N D S C G E L Ä N D E
I S E R D E W K J U G E N D S R T I X R A N D O
Y L K L A N D W Z H A N D N X O W P F E R D E Z

_____

_____

_____

11 Jede Zahl nennt die Stelle des Buchstabens im Alphabet, also 1 = *A*,
2 = *B*, 3 = *C*.
Wenn du das Rätsel richtig gelöst hast, dann hat sich ein Wort mit einer
Rechtschreibklippe ergeben.

8 1 14 4 2 1 12 12 20 18 1 9 14 9 14 7

A B C D E F G H I J K L M N O P Q R S T U V W X Y Z

Bedeutungsprobe

> *Schreibe ich*
> *„Er malt ein Bild"*
> *oder:*
> *„Er mahlt ein Bild"?*

 Außer *malen* und *mahlen* gibt es noch viele andere Wortpaare, die man
gleich spricht, aber unterschiedlich schreibt.
Wenn du ein Wort eines solchen Wortpaares zu
schreiben hast, dann frage dich:

> *Welche*
> *Bedeutung hat das*
> *Wort im Satz?*

 Durch Fragen nach der Wortbedeutung zur richtigen
Schreibung von Wörtern kommen

Gleich gesprochen – unterschiedlich geschrieben

Lied   / Lid
Miene / Mine
Stiel   / Stil

Diese Wörter werden gleich gesprochen. Man
schreibt sie aber unterschiedlich, damit einer, der
sie liest, sofort versteht, was gemeint ist.

1 Präge dir die 3 Wortpaare mit Unterscheidungsschreibung ein.

- Lies die Wortgruppen mehrmals
  langsam und aufmerksam.
- Frage jedes Mal:

> *Welche*
> *Bedeutung hat*
> *das Wort?*

! Ein Tipp zum Einprägen:
Schließ die Augen und stell dir die Schreibung der markierten
Wörter in der Wortgruppe deutlich vor.

das Wander**lied,**   aber: das Augen**lid** (Teil des Auges)

eine mürrische **Miene** (Gesicht), aber: eine Bleistift**mine**
der **Stiel** des Blattes,   aber: der Lauf**stil** des Sportlers

2 Prüfe, ob du dir die 3 Wortpaare mit Unterscheidungsschreibung von Seite 86 gut eingeprägt hast.

● Stell dir stets die Frage: *Welche Bedeutung hat das Wort?*

das Wander _____, aber: das Augen _____

eine mürrische _____, aber: eine Bleistift _____

der St_____ eines Blattes, aber: der Lauf _____ des Sportlers

3 *wieder,* aber: *wider*

Bedeutungen merken!
wieder = nochmals (z. B. wiederkommen)
wider = gegen (z. B. widersprechen)

● Setze richtig ein.
● Frage immer: *Welches Wort ist gemeint: wieder (nochmals) oder wider (gegen)?*

die Übung _____ holen

sich dem Beschluss der Gruppe _____ setzen

das freudige _____ sehen

ein heftiger _____ spruch

ein _____ käuer

bald _____ kommen

Gedächtnisstütze

▶ Immer *-ie*

Mit fröhlicher Miene
wieder ein Lied über
die Biene singen.

Gedächtnisstütze

▶ Eine Redensart

Er macht gute Miene
zum bösen Spiel.
(Was bedeutet das?)

seit, aber: *seid*

▶ Beide Wörter werden gleich gesprochen.
seit hat etwas mit „*der Zeit*" zu tun, z. B.:
  seit gestern, seit Jahren.

seid kommt vom Verb *sein*. Es ist eine Beugungsform von *sein*, z. B.
Ihr seid pünktlich. Seid ihr dort gewesen?
seid wird oft geschrieben, wenn eine Gruppe von Menschen angesprochen wird (*ihr seid*).

4 *seit* oder *seid?*

Frage dich
bei jedem Beispiel:

*Ist eine
Zeitangabe gemeint
(dann <u>seit</u>)*

*Wird eine
Gruppe von Menschen
angesprochen?
(dann <u>seid</u>)*

_____ vorgestern habe ich Halsschmerzen.

_____ von uns allen herzlich gegrüßt!

Erst _____ heute Morgen weiß ich, wann die Feier ist.

Die Aufgabe habe ich _____ einer Woche zu erledigen.

So schreibt man oft in Briefen

Seid ihr gut angekommen?
Ihr seid uns herzlich willkommen...
Seid aber bitte nicht böse, wenn...

            Seid herzlich gegrüßt
            von eurem Paul

Eine Gedächtnisstütze

seit hat etwas mit
Zeit zu tun.

sei (4) *Zei* (4)

5 7 Wortpaare mit Unterscheidungsschreibung –
Wo hättest du Probleme?

- Prüfe genau und kreuze die Wortpaare an, die du vielleicht nicht
  richtig geschrieben hättest.

○ die **Wahl** des Vorsitzenden, aber: der **Wal** (ein Säugetier)
○ Mehl **mahlen,** aber: Bilder **malen**
○ der schnelle **Wagen,** aber: die Brief**waagen**
○ der Telegramm**bote**, aber: die **Boote** auf dem See
○ die rechte Straßen**seite**, aber: die **Saite** der Geige
○ Verkehrssünder be**lehren**, aber: den Mülleimer **leeren**
○ die Groß**städte** eines Landes, aber: in der Gast**stätte** essen

- Präge dir die angekreuzten Wortgruppen so ein:

Lies die Wortgruppen
mehrmals ganz langsam.
Frage dich:

*Welche Bedeu-
tung haben die
markierten Wörter?*

6 Prüfe, ob du beim Schreiben sicher bist.

Frage dich:

*Welches Wort
ist gemeint?
Wie muss ich also
schreiben?*

mahlen / malen	Getreide _____ / Landschaften _____
die Wahl / der Wal	die dicke Haut des _____ / eine gute _____ treffen
der Wagen / die Waagen	mit dem _____ fahren / die Paket _____
der Bote / die Boote	eine schlechte _____schaft / die lustige _____fahrt
die Saite / die Seite	die Buch _____ / die Violin _____
seid / seit	_____ Dienstag / _____ gewissenhaft beim Arbeiten

2 Gedächtnisstützen

1. **die Waage**   2. **mahlen**

W a a g e   Me hl ma hl en

die Uhr, aber: die Vorsilbe *ur-*
Wenn du nicht sicher bist, ob du
Uhr oder die Vorsilbe *ur-* zu
schreiben hast, dann frage dich:

> Ist *die Uhr*
> *(der Zeitmesser)*
> gemeint?

7 ● Frage dich bei den
folgenden Beispielen

> Ist hier *die Uhr*
> *(der Zeitmesser)*
> gemeint?

eine Turm _____   7.15 _____

_____ komisch   die _____ geschichte

der _____ laub   der _____ wald

stimmt das?
ein 🕐 *tier?*

 Das ist eine Rechtschreib-Gefahrenstelle:

viel, aber: *er fiel*

Du kannst dir helfen, wenn du nach der Wortbedeutung
fragst.

viel bedeutet: eine ganze Menge
er fiel kommt von *fallen* *(herunterfallen)*

8 ● Frage dich hier:

> Welches Wort
> ist gemeint?
> *fiel (fallen)*
> oder *viel*?

Sebastian _____ zum Glück nicht tief.

Karen hat heute _____ geübt.

_____ Schüler waren am Sonnabend zur Disko.

Er _____ aus allen Wolken.
(Was bedeutet diese Redensart?)

▶ Eine Gedächtnisstütze

Er fiel vom Baum

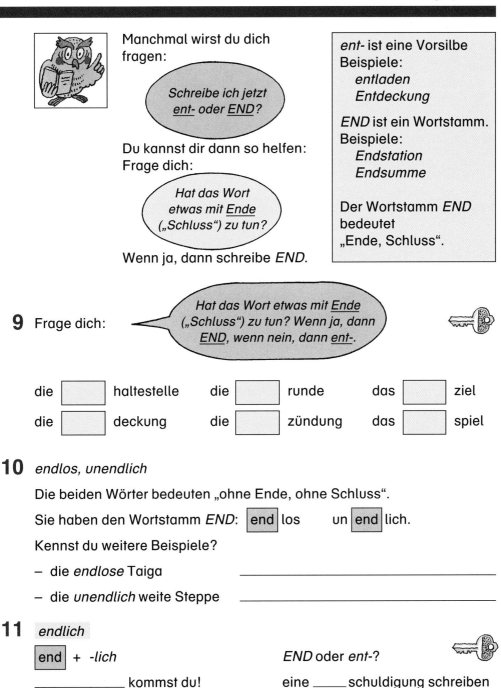

Manchmal wirst du dich fragen:

Schreibe ich jetzt ent- oder END?

Du kannst dir dann so helfen: Frage dich:

Hat das Wort etwas mit Ende ("Schluss") zu tun?

Wenn ja, dann schreibe *END*.

ent- ist eine Vorsilbe
Beispiele:
  entladen
  Entdeckung

END ist ein Wortstamm.
Beispiele:
  Endstation
  Endsumme

Der Wortstamm *END* bedeutet
"Ende, Schluss".

9 Frage dich:

Hat das Wort etwas mit Ende ("Schluss") zu tun? Wenn ja, dann END, wenn nein, dann ent-.

die ⬜ haltestelle   die ⬜ runde   das ⬜ ziel

die ⬜ deckung   die ⬜ zündung   das ⬜ spiel

10 *endlos, unendlich*

Die beiden Wörter bedeuten "ohne Ende, ohne Schluss".

Sie haben den Wortstamm *END*: `end` los   un `end` lich.

Kennst du weitere Beispiele?

– die *endlose* Taiga   _____

– die *unendlich* weite Steppe   _____

11 *endlich*

`end` + *-lich*   *END* oder *ent-*?

_____ kommst du!   eine ____ schuldigung schreiben

_____ sind die Ferien da!   die Hausaufgaben be ____ en

_____ ist die Aufgabe fertig!   der ____ gleiste Güterzug

Lösungsteil

1. Übungsteil: Wortbauteile erkennen

Übung 5   DRUCK, HAUPT, JAHR
Übung 7   BILD, HAND, STRAHL, KLEID, FRISCH, BREIT
Übung 11   Fingerhut, Flusspferd, Steinpilz, Schaukelstuhl, Fußballtor
Übung 14   (das) Maul
Übung 19   **ge**stehen, **ver**stehen, **ent**stehen, **be**stehen
Übung 26   liest, musst, nimmst, lässt, isst
Übung 28   kälter, höher, härtesten, süßesten
Übung 29   Quiz: am höchsten – der Mount Everest
　　　　　　　　　　　 am längsten – der Nil
　　　　　　　Rätsel: wärmsten, kältesten: der Ofen

2. Übungsteil: Wortbauteile richtig schreiben

Übung 7   **trag**en – **Träg**er, Ge**fahr** – ge**fähr**lich, **scha**den – **schäd**lich,
　　　　　　　hohl – **Höhl**e, **bau**en – Ge**bäu**de
Übung 8   Al**ts**toffe, Hand**t**uch, Fes**ts**aal, Obs**tt**eller, Ras**ts**tätte, Wand**t**afel
Übung 9   Tankstelle, Handball, Fluchtweg, Radweg
Übung 10   Fah**rr**adwimpel, Han**dt**uchhalter
Übung 13   Hausschuhe, Stuhllehne, Fuchsschwanz, Stadtteil, Berggaststätte
Übung 14   abbeißen, weggehen, zurückkommen, vielleicht, Stadtteil,
　　　　　　　Glasscherbe, Schreibblock
Übung 16   abbeißen, abändern, abbiegen, auffangen, auffressen, aufreißen,
　　　　　　　aussäen, aussuchen, ausbilden
Übung 17   Salzstreuer, Herbstblume, Mitteilung
Übung 19   Weihnachtsgeschenk, Lebensgefahr, Verkehrsschild, Schiffskoch
Übung 22   Frühling/Frühjahr, Frühsport, Frühbeet, Frühstück, Frühkartoffeln
Seite 28   *H*-Vergleich: Nur einmal vorhanden: **H**
Übung 25   die Entdeckung　　　　　　 vergessen
　　　　　　　die Urgeschichte　　　　　　 entwässern
　　　　　　　die Missernte　　　　　　　 verdursten
　　　　　　　das Verständnis　　　　　　 verzeihen
　　　　　　　das Missverständnis　　　　 entfernen
Übung 26   die Freundschaft　　　　　　 wunderbar
　　　　　　　die Verteidigung　　　　　　 seltsam
　　　　　　　die Freiheit　　　　　　　　 vergesslich
　　　　　　　die Einigkeit　　　　　　　 sahnig　　　　　　 gewissenhaft

Übung 28	Sängerin, Schaffnerinnen, Polizistinnen, Hindernis
Übung 31	Saurier aus der **Ur**zeit
Übung 34	erraten, beenden, zerreiben, verrichten, verraten, verreiben, errichten, berichten, beraten, verenden
Übung 35	erraten, erringen
Seite 33	Der 2. und 6. Krug sind gleich.
Übung 37	sonnig, wolkig, regnerisch
Übung 39	Süden – südlich
	Osten – östlich
	Westen – westlich
Übung 40	mecklenburgische Seen, thüringische Glaswaren, sächsische Städte, bayrische Schlösser
Übung 43	Ärger nein ärgerlich
	Hand nein handlich
	Kind nein kindlich
	vergess nein vergesslich
Übung 45	Alle haben die Nachsilbe *-schaft*. Deshalb groß.
Übung 46	Flüssigkeit Sicherheit
	Schwierigkeit Gesundheit
	Haltbarkeit Krankheit
Übung 47	Spannung, Verabredung, Sprengung, Teilung, Entdeckung, Benutzung, Wanderung, Biegung
Übung 49	Das Entscheidungsspiel für unsere Mannschaft ist verschoben auf das kommende Wochenende.
Übung 51	der listige Fuchs, eine lustige Geschichte, ein länglicher Körper, ein verlässlicher Mann, eine verräterische Bewegung, das wellige Haar, ein wichtiger Tag, ein wackliger Stuhl, ein polnisches Schiff, ein plötzlicher Einfall
Übung 52	friedlich traurig neidisch
	stündlich willig städtisch
Übung 53	ein vorsichtiger Mensch, kräftige Arme, südliche Länder, ein gefährlicher Versuch, schädliche Insekten
Übung 54	täglich, hässlich, fleißig, giftig, launisch
Übung 55	eine **r**ichtige **E**ntscheidung
	an **O**rdnung gewöhnt sein
	immer **o**rdentlich schreiben
	eine **ö**lige **F**lüssigkeit
	das Wachs **f**lüssig machen
	bei **s**türmischem Wetter
Übung 56	willst, rufst … an, schickst, brauchst

4. Übungsteil: Probieren und Entscheiden

Artikelprobe

Übung 1	die Trauer, die Liebe, das Mitleid, das Glück, der Ärger, der Schmerz
	Oberbegriff: die Gefühle

Übung 2	Markiert werden müssen: Hochsprung, Langlauf, Training, Ausdauer; Jeans, Pullover, T-Shirt; Gewissenhaftigkeit, Humor; Einbrüche, Täter, Kommissar; Regenschauer, Erwärmung, Abkühlung; Schauspieler, Zuschauer, Bühne
	Oberbegriffe: Sport, Kleidung, Eigenschaften, Polizei, Wetter, Theater
Übung 3	der Abend, der Empfänger, die Antwort, der Fleiß, der Spaß
Übung 4	KEINE REGEL OHNE AUSNAHME

Übung 5

Kleinschreibung	Großschreibung
verliebt	Liebe
lieblich	Liebling
liebevoll	Tierliebe

Übung 9	einen ... Sack, ein ... Blümchen, einen ... Schäferhund, den ... Eulen
Übung 10	(die) Tür, (den) Sohn, (dem) Nachbarn, ein Beil, das Beil, der Nachbar, ein Geizkragen, der Vater, den Keller
Übung 11	Lügen haben kurze Beine. Ohne Saat keine Ernte. Keine Rose ohne Dornen. Gutes Werkzeug – halbe Arbeit.
Übung 12	in den Wäldern, die ... rote Farbe, besonderes Kennzeichen, weiße warzige Hautreste, bei Nässe, fast geruchlos, ein sehr gefährlicher Pilz, seinen Namen, früher
Übung 13	Weg, Theater
	beim großen Kaufhaus rechts abbiegen
	im kleinen Park geradeaus gehen
	sich am neuen Zeitungskiosk links halten
Übung 14	Ist unsere Anreise in Ihre Jugendherberge möglich?
	Mein Vati hatte einen Unfall, deshalb können wir nicht kommen.
Übung 15	Verkehrssicherheit
Übung 16	eines bösen Tages, von deinen Fehlern, Aufmerksamkeit, Vernachlässigung, Wahrheit, Handlungen
Übung 17	Verbotene Früchte schmecken am süßesten.
	Schlechte Beispiele verderben gute Sitten.
Übung 18	der fliegende Hund, den Namen wegen seiner Kopfform, in tropischen Gebieten, am Tage, dem Kopf, in den Bäumen der Wälder, der Dämmerung, auf Nahrungssuche, Früchte und Insekten, die größten Hunde, eine Körperlänge, eine Spannweite

Verwandtschaftsprobe

Übung 4	Durchzustreichen sind: verlernen, Gleitschuh, Tankstelle
Übung 7	Bekannte – verwandtes Wort: kennen
	Hindernis – verwandtes Wort: hindern
	Hinterrad – verwandtes Wort: hinten
	Entfernung – verwandtes Wort: fern
	Verfolgung – verwandtes Wort: folgen
Seite 75	schräg, abwärts, Ähre, Bär, Käfig, Träne, Lärm, Käse, Käfer, während, ähnlich, gefährlich
Übung 8	backen, lachen, schaden

Übung 11 die Fächer   – das Fach
          die Pläne   – der Plan
          die Hände   – die Hand
          die Bäche   – der Bach
          die Becher   – der Becher
          die Maßstäbe   – der Maßstab
          die Arbeitsplätze – der Arbeitsplatz
          die Gegenstände   – der Gegenstand
          die Meereswellen – die Meereswelle

Übung 12 verändert, schärfer, schwächer, länglich, Mähdrescher, herrlich,
          er denkt

Übung 13 Katzenfelle, Bärenfelle

Übung 14 Rätsellösung: der Nagel

Übung 15 der Läufer   – laufen
          der Räuber   – rauben
          der Säugling – saugen
          das Gebäude   – bauen

Übung 16 die Kräuter   – das Kraut
          die Träume   – der Traum
          die Schläuche   – der Schlauch
          die Kaufhäuser – das Kaufhaus
          die Beulen   – die Beule
          die Scheunen   – die Scheune

Übung 17 Beute, Häute, Meute, Bräute

Übung 18 Klappfahrrad, Tennisschläger, Stoppuhr, Abfahrtsskischuhe,
          Radiowecker

Übung 19 Vermiete, Schiffsanlegestelle, Riesenbaustelle, fruchtbares Land
          vom Regen weggespült

Übung 20 der ehrliche Finder

Verlängerungsprobe

Übung 1 der Pflug, das Kleid, der Staub, der Urlaub, der Unterschied, der
          Krieg

Übung 2 das Sieb   – die Siebe   der Berg – die Berge
          der Lump   – die Lumpen   die Burg – die Burgen
          das Kalb   – die Kälber   das Werk – die Werke
          das Geld   – die Gelder
          das Gehalt   – die Gehälter

Übung 3 Wandlampe, Korbstuhl, Abendbrot, Mittagessen, Krautsalat,
          Grundlage, Burganlage, Wandleuchte

Übung 4 das Bergwerk, das Werkzeug, der Werkzeugschrank, das Flug-
          zeug, die Werkbank

Übung 5 belud, erfand, beriet, erhält

Übung 6 er hebt, er klebt, er hupt, sie lobt
          er singt, es versinkt

Übung 7 trüb, kalt, wütend, jung

Übung 8   ins Ostbad, besorg, das Abendbrot
im Waldpark, gegen Abend
Rad fahren, auf dem Heimweg, den Korb Pflaumen

Übung 9   rund, gesund, Geld, jemand, niemand, tausend, hundert, krank,
Betrieb

Übung 10   Feind, Grund, Gelände, Erde, Jugend, Rand, Land, Hand, Pferd

Übung 11   Handballtraining

Bedeutungsprobe

Übung 3   wiederholen, widersetzen, Wiedersehen, Widerspruch, Wieder-
käuer, wiederkommen

Übung 4   Seit vorgestern ... . Seid ... gegrüßt!
Erst seit heute ... . seit einer Woche ... .

Übung 6   Getreide mahlen   –   Landschaften malen
die Haut des Wals   –   eine gute Wahl
mit dem Wagen fahren   –   die Paketwaage
eine Botschaft   –   die Bootsfahrt
eine Buchseite   –   die Violinsaite
seit Dienstag   –   seid gewissenhaft

Übung 7   eine Turmuhr, 7.15 Uhr
urkomisch, die Urgeschichte
der Urlaub, der Urwald, ein Urtier

Übung 8   Sebastian fiel ...
... viel geübt
Viele Schüler ...
Er fiel ...

Übung 9   die Endhaltestelle   die Endrunde   das Endziel
die Entdeckung   die Entzündung   das Endspiel

Übung 11   eine Entschuldigung schreiben, die Hausaufgaben beenden, der
entgleiste Güterzug